MARA

luiz antonio simas

CANÃ
QUANDO A CIDADE ERA TERREIRO

Copyright © Luiz Antonio Simas.
Todos os direitos desta edição reservados
à MV Serviços e Editora Ltda.

COORDENAÇÃO EDITORIAL
Marianna Araujo e Vitor Castro

EDIÇÃO E PREPARAÇÃO DO ORIGINAL
Marília Gonçalves

REVISÃO
Natalia von Korsch

CHECAGEM
Cassio Loredano

ILUSTRAÇÃO (CAPA)
Mulambö sobre foto de Ricardo Beliel

DESIGN
Patrícia Oliveira

CIP-BRASIL. CATALOGAÇÃO NA PUBLICAÇÃO
SINDICATO NACIONAL DOS EDITORES DE LIVROS, RJ
Elaborado por Camila Donis Hartmann — CRB 7/6472

S598m   Simas, Luiz Antonio, 1967
        Maracanã: quando a cidade era terreiro / Luiz Antonio Simas; [fotografia Ricardo Beliel]. — 1. ed. — Rio de Janeiro: Mórula, 2021.
        224p. : il. ; 21 cm.

        Inclui bibliografia
        ISBN 978-65-86464-48-1

        1. Estádio do Maracanã — História. 2. Rio de Janeiro (Estado) — História. 3. Brasil — História. 4. Futebol — História — Rio de Janeiro (RJ). 5. Brasil — Condições sociais. I. Beliel, Ricardo. II. Título.

21-72196   CDD: 796.3320688153
                          CDU: 725.826:796.332(815.3)

Rua Teotônio Regadas 26 sala 904
20021_360 _ Lapa _ Rio de Janeiro _ RJ
www.morula.com.br _ contato@morula.com.br
/morulaeditorial ⃝/morula_editorial

Esse livro vai na intenção e em memória de Gilmar Mascarenhas, mestre na arte de pensar os estádios e as cidades, e Joel Rufino dos Santos, meu professor de Brasil.

ÍNDICE

PRÓLOGO — 8

PREPARANDO O TERREIRO — 14
Bola, tambor e samba — 18
A capoeira de chuteiras — 24
A divindade de um Brasil mestiço — 26
Pequenos papagaios e grandes cavalos — 29

TIRANDO O ESTÁDIO DO PAPEL — 34
As primeiras copas — 36
Projetando o estádio — 45
A ideia de Niemeyer — 50
A Copa vem aí — 53
Ary versus Lacerda: o Maraca na Câmara — 59
A caneta de Mário — 63

ABRINDO A GIRA — 70
O Maracanã e o esqueleto — 73
A marquise do mamute — 75
A inauguração na base do "vai da valsa" — 77
Rola a bola — 81
Touradas em Madri e outras goleadas — 86
A tragédia — 91
O impacto — 95

A DANÇA DOS ENCANTADOS 100
O último ato do gênio 110
O Fla-Flu das multidões 116
Castor de Andrade e o Pernambuquinho 120
Gols de placa 126
O milésimo gol 129
Maradona e o pé de Exu 133
O Flamengo do Zico e do Gerdau 136
O Fluminense do Careca do Talco 139
O America do saudoso Lamartine 145
O Vasco do Pai Santana 148
O Botafogo de Mané ao camburão 152
A Ditadura e os "gigantes" 156
Além do futebol 159
O Maraca cantado 164

DESENCANTO 172
Crise nos campos da rainha 177
O axé disperso 181
O fim da geral 186
O bem tombado 190
O destombamento 194
Crime e castigo 198

FRESTAS NO MURO 204

REFERÊNCIAS 212

AGRADECIMENTOS 221

PRÓLOGO

A CAMISA DA SELEÇÃO BRASILEIRA DE FUTEBOL — que já foi branca, é amarela e vez por outra azul — pareceu ser em outros tempos, não tão distantes, um exemplo daquilo que o romeno Mircea Eliade, filósofo e mitólogo, chama de hierofania: a percepção da existência do sagrado manifestada em um objeto material. A camisa, uma vez trajada pelos deuses do gramado, parecia virar manto de santo, vestimenta de orixá, cocar de caboclo, capa de Exu, terno de malandro, roupa de marujo; estandartes da aldeia que buscou definir-se a partir das artes de drible e gol. E o Maracanã foi o seu maior terreiro.

O jogador do escrete, quando colocava a camisa, se não era ele próprio percebido como um deus encarnado, virava cavalo do santo. Um mero instrumento do mistério que nos fez povo possível, nas fronteiras da bola. O manto canarinho parecia esconder segredos terríveis para os mortais que o enfrentavam, sucumbidos ao peso de toneladas de histórias.

Ela, a farda verde-amarela — amarrotada, bonita, feia, diferente, moderna, tradicional, mal trajada, rota, suada, intacta — parecia alma que vaga na hora grande, assombração no Recife Velho, dança de pretos mortos na Pedra do Sal, entidade encantada nas esquinas do Brasil, no tronco da jurema e nas vielas brasileiras da Mãe África. A camisa--entidade virava folha de mariô, baobá de tronco forte, bandeira cravada no Humaitá, canário da terra, pomba do Divino, lança de caboclo, verso de Aldir Blanc, lançamento de Didi, bola no peito de Pelé no rumo do gol.

Mas aos poucos o sagrado foi sendo profanado (percebemos?), numa espécie de hierofania às avessas, e o desencanto adentrou o gramado e o país. Não há mais estádio, mas arena. Não há mais o manto, mas o *outdoor*. Sai o torcedor, entra o cliente. O verde e amarelo do país possível parece ser, ao invés de manto, mortalha.

Era julho de 2014 e a Seleção Brasileira de Futebol acabava de sofrer a derrota mais contundente de uma história iniciada 100 anos antes. A primeira seleção enfrentara — e vencera por 2 x 0, em 21 de julho de 1914 — o clube profissional inglês do Exeter City no Estádio da Guanabara, como então se chamava o campo do Fluminense Futebol Clube, no Rio de Janeiro. Um século depois, entremeada por muitos triunfos e algumas tragédias, a trajetória da seleção ficaria marcada por um dos resultados mais espantosos da história do futebol: 7 x 1 para a seleção da Alemanha.

Jogando a segunda Copa do Mundo em casa, 64 anos depois de perder o título mundial para o Uruguai no Maracanã, a Seleção Brasileira abandonou naquele oito de julho a chance de disputar a final do torneio. Mas não de qualquer forma, senão superando alguns recordes da competição. Ao tomar em seis minutos os quatro gols mais rápidos da história das Copas do Mundo, a equipe transpôs a Suíça e El Salvador, ambas vazadas quatro vezes em sete minutos contra a Áustria, em 1954, e a Hungria, em 1982, respectivamente. E foi, ainda, a única vez que o país-sede tomou a maior goleada de uma Copa.

O jogo contra a Alemanha foi realizado no Estádio Governador Magalhães Pinto, o Mineirão, em Belo Horizonte. Ao ser batida, a Seleção Brasileira acabou disputando o terceiro lugar da competição contra a Holanda, em Brasília. Perdeu por inapeláveis 3 x 0.

O 7 x 1 transformou o Brasil no primeiro país-sede de uma Copa do Mundo a não disputar nenhum jogo no estádio principal do país, sempre palco da final da competição. No caso, o Maracanã. Dois estádios — ou duas arenas multiuso, conforme a nomenclatura do futebol do século XXI parece preferir — mergulharam em um silêncio de catacumbas naquela tarde de julho. O Mineirão, porque teve jogo. O Maracanã, porque não teve.

No dia do 7 x 1 havia uma roda de samba programada para comemorar a vitória que não veio, perto do Morro do São Carlos, no bairro do Estácio, no Rio de Janeiro. Assisti ao jogo em um apartamento próximo ao samba programado. Durante a vertigem dos quatro gols da

Alemanha em tempo recorde, houve quem preferisse xingar a transmissão da televisão, julgando que cada gol germânico era apenas a reprise de um único tento, que em um *looping* interminável parecia nos afundar na experiência infinita da derrota. O 7 x 1 nunca acaba.

Assim que o juiz apitou o fim do tormento, a turma da roda de samba parecia não saber exatamente que diabos fazer. De súbito, o cavaco deu o tom, o repique seduziu o tantan, o solista molhou a goela e começou a cantar "Conselho", um samba de Adilson Bispo e Zé Roberto consagrado por Almir Guineto: "Deixe de lado esse baixo astral / erga a cabeça, enfrente o mal / que agindo assim será vital para o seu coração". O samba, logo cantado em coro, parecia soar como um recado que a turma do Estácio mandava para o futebol brasileiro: "Tem que lutar, não se abater, só se entregar a quem te merecer". O Brasil parecia não merecer mais o futebol brasileiro? Ou o nosso futebol, e o país, não mereciam mais o samba do Estácio?

Em outros tempos, o Brasil se pensava possível e talvez, no futuro, bonito como o futebol que jogava e original como um desfile da Mangueira com Cartola e Nelson Cavaquinho na comissão de frente. Ao adentrar os campos nos corpos brasileiros, a camisa era como a veste enfeitiçada de panos coloridos dos Eguns, ancestrais conduzidos por Oyá, senhora dos ventos, a dona dos nove espaços dos gramados onde forjamos maneiras de sonhar um país.

Laroiê, Exu! Rogar não custa: tem como conceder, zombeteiro, ao bando de carolas que te acham o demônio e tomaram os gramados, desencantaram a camisa e parecem ter tomado o país, o poder e a ginga do teu jogo de malandro, dono dos dribles mais desconcertantes? Era você, meu compadre, que parecia baixar nos gramados no corpo do teu cavalo Manoel, o passarinho Garrincha, e dava a volta ao mundo com a bola no pé, como Mangangá bailava na roda de capoeira ao toque de São Bento Grande.

Por isso, este livro, feito gira, começa com uma evocação que é reza e ebó para despachar o carrego e reencantar a aldeia. Bate no chão teu ixan sagrado! Bate o bastão que chama os ancestrais. Traz todos eles, Iansã, arrepia o vento dos Egunguns bailando com mil bolas nos pés. Chama os meninos descalços da pracinha de Bangu; chama Friedenreich; chama Leônidas da Silva; chama Preguinho; chama Fausto; chama Jaguaré; chama Domingos da Guia; chama Danilo; chama Ademir Queixada; chama Zizinho; chama Barbosa; chama Friaça; chama Castilho; chama Vavá; chama Didi; chama Heleno de Freitas; chama Obdúlio Varela; chama Gigghia; chama Belinni; chama Orlando Peçanha; chama Nilton Santos; chama Mané Garrincha; chama Almir Pernambuquinho; chama Washington e Assis; chama Jayme de Almeida; chama Dulce Rosalina; chama Pai Santana; chama os operários que construíram o estádio; chama as lavadeiras da favela do Esqueleto; chama todas as almas dos corpos que bailaram nos gramados; chama as almas de geraldinos e arquibaldos.

    Chama o Maracanã: chama, chama, chama...

PREPARANDO O TERREIRO

"O BRASIL ESTÁ MORTO" (O Globo, Rio de Janeiro); "Aqui jaz o sonho" (A Tarde, Salvador); "Luto, vergonha, humilhação, apagão" (Jornal do Comércio, Recife); "Humilhação histórica" (Folha de S. Paulo, São Paulo); "A Derrota das derrotas" (Gazeta do Povo, Curitiba); "Humilhação" (O Liberal, Belém); "Massacre" (A Gazeta, Vitória); "Um vexame para a eternidade" (Correio Braziliense, Brasília); "Humilhação em casa" (O Estado de S. Paulo, São Paulo); "Vexame" (O Estado do Maranhão, São Luís); "Humilhante" (Folha de Londrina, Londrina); "Vexame para sempre" (Amazônia, Manaus). Os jornais do dia seguinte ao 7 x 1, em todo o país, retratavam a derrota em manchetes que dimensionavam o acontecimento no campo da catástrofe, do vexame histórico, da humilhação, do inacreditável e da morte.

Alguns preferiram louvar a memória dos derrotados na final da Copa do Mundo de 1950, numa espécie de ajuste de contas com o passado. O Diário de Pernambuco afirmou: "Barbosa, descanse em paz". Abaixo da manchete, esclareceu: "Moacir Barbosa Nascimento, goleiro do Brasil na Copa de 1950, morreu no dia 7 de abril de 2000 carregando para o seu túmulo uma injusta culpa pela derrota contra o Uruguai no Maracanã. Uma decepção que, pensava-se, jamais seria repetida. Infelizmente, aconteceu. A derrota de ontem envergonhou a nação, mas redimiu Barbosa". O jornal Extra, do Rio de Janeiro, trouxe na capa do caderno de esportes: "Parabéns aos vice-campeões de 1950, que sempre foram acusados de dar o maior vexame do futebol brasileiro. Ontem, conhecemos o que é vexame de verdade". O jornal O Dia, também do Rio de Janeiro, preferiu mandar o técnico Luiz Felipe Scolari para o quinto dos infernos.

"Não vai ter capa". O Meia Hora, popular jornal carioca, publicou em letras brancas garrafais sobre um fundo preto uma das capas mais imaginativas daquele dia. A manchete fazia referência ao "Não vai ter Copa", grito de resistência de diversos movimentos sociais contrários à realização do certame no Brasil, acentuado após os múltiplos protestos e mobilizações que marcaram o país em 2013. No futebol, o grito era dimensionado por uma série de bandeiras e denúncias: a dinheirama gasta na organização; o caderno de encargos da Federação Internacional de Futebol (Fifa); as remoções urbanas friamente justificadas pelas necessidades do torneio; a destruição de estádios ao arrepio do patrimônio histórico; a construção de arenas assépticas que apontavam para a elitização da frequência aos jogos.

As imagens dessas capas, invariavelmente, flertavam com a dor e a catástrofe. Retratavam rostos desesperados pintados de verde e amarelo nas arquibancadas, crianças abrindo o berreiro, ruas desertas e jogadores aos prantos, com seus corpos esparramados de bruços no gramado, as camisas amarelas mais parecendo mortalhas de defuntos depois de uma inapelável derrota numa batalha de infantaria. Ainda no calor da tragédia, dentro de campo, o zagueiro David Luiz deu a primeira declaração sobre o jogo, pedindo, entre lágrimas, desculpas ao povo brasileiro: "Eu só queria poder dar uma alegria ao meu povo. Eu só queria ver meu povo sorrir. Todos sabem como era importante pra mim ver o Brasil inteiro feliz pelo menos por causa de futebol. Desculpa".

As manchetes de jornais, mesclando a dor, o luto e a humilhação nacional, e o pedido de desculpas do zagueiro da seleção a um genérico povo brasileiro — tratado como um ente homogêneo empenhado em torcer pelo triunfo da seleção e encontrar no título mundial a alegria em dias conturbados — pareciam ecoar a máxima de Benedict Anderson sobre comunidades e nacionalismos: "As comunidades se distinguem não por sua falsidade/autenticidade, mas pelo estilo em que são imaginadas" (Anderson, 2008, p. 33).

No Brasil, o futebol ocupou um lugar de centralidade na produção da identidade nacional e na invenção daquilo que caracterizaria um projetado 'ser brasileiro'. A fala envergonhada de David Luiz, após o jogo dimensionado como uma tragédia nacional mesclada à humilhação sem precedentes, ecoa a percepção de que a invenção do 'ser brasileiro' tem no amor pelo futebol um de seus elementos característicos mais evidentes.

O sentimento de pertencer a determinado território amalgamado a um Estado — elemento fundante dos nacionalismos — é historicamente produzido e reproduzido de maneira dinâmica: alterado, inventado e reinventado, ainda que pareça eterno, natural e dotado de fixidez. Na construção desta ideia, no Brasil, o futebol percorre uma trajetória cruzada ao percurso do samba e da umbanda.

Assim como o esporte, o gênero musical também começou a ser visto como um componente daquilo que nos definiria, no terreno fértil do imaginário e suas projeções simbólicas, como 'povo'. O samba, em suas diversas vertentes, é uma manifestação musical e coreográfica oriunda das culturas afro-brasileiras. A enzima que gerou o samba bebe na célula rítmica dos tambores ancestrais centro-africanos, do Congo e de Angola. Aquela que cruza o mar em virtude da tragédia da diáspora preta e, nas encruzilhadas do Novo Mundo, se reelabora como um empreendimento inventivo de construção da vida no precário. A poderosa manifestação cultural gestada pelos descendentes de africanos foi elevada à condição de símbolo nacional. Talvez em virtude da sua força e originalidade, talvez como estratégia cordial de dominação e domesticação produzidas pelas elites brasileiras. Ou quem sabe como o resultado do cruzamento entre as duas coisas (Fry, 1982, p. 52).

BOLA, TAMBOR E SAMBA

CURIOSAMENTE, O FUTEBOL FEZ ENTRE NÓS o caminho inverso ao do samba, até que se encontraram nas encruzilhadas brasileiras. O samba surgiu entre as camadas mais pobres de descendentes de africanos e chegou às camadas médias e elites, especialmente com o advento do rádio e do disco, na primeira metade do século XX. O futebol no Brasil é um jogo inicialmente praticado pelas elites que vai se popularizando com o tempo. Os diversos mitos de origem do futebol entre nós — a consagrada versão do esporte introduzido por Charles Miller; o jogo difundido em Bangu, na Zona Oeste do Rio de Janeiro; a difusão do esporte pela região da Bacia Platina; o jogo trazido pelo alemão Hans Nobiling; a brincadeira praticada nos colégios de padres de São Paulo etc. — concordam sobre o caráter predominantemente elitista do esporte na virada do século XIX para o século XX.

    Trazido da Inglaterra, introduzido como lazer de jovens das camadas dominantes e nas fábricas por trabalhadores ingleses, foi se popularizando, reencantado pelos subalternizados, ganhando múltiplas dimensões e significados. Cooptou e foi cooptado pelo poder público, impactado pela velocidade da popularização do esporte, e por segmentos da intelectualidade, especialmente a partir da década de

1930. Aquela geração de intelectuais e homens públicos estava empenhada em imaginar a solução da identidade brasileira a partir do idealizado caráter mestiço do povo e da cultura que ele produz. O futebol e o samba caíam como uma luva nesse projeto.

É emblemático observar a curiosa relação entre as trajetórias de Noel Rosa, o Poeta da Vila, e Leônidas da Silva, o Diamante Negro. Noel nasceu em 1910 e cresceu como um menino branco de Vila Isabel, bairro carioca de classe média. Chegou a estudar no Colégio São Bento, um dos mais tradicionais do Rio de Janeiro, cursou medicina durante um ano e mandou o jaleco branco às favas quando se apaixonou pela música que saía das esquinas, terreiros e botequins do bairro do Estácio. Era a turma de Ismael Silva, Bide, Brancura, Baiaco, Marçal, Mano Rubem, Edgard, Getúlio Marinho, Tancredo Silva e outros. Leônidas, nascido em 1913, foi um menino negro de São Cristóvão, bairro chique nos tempos do Império que perdeu prestígio com a proclamação da República. Adotado pela família da casa em que a mãe trabalhava como empregada doméstica, apaixonou-se ainda garoto por um esporte que engatinhava no Brasil: o futebol.

Quando nasceram, seria plausível imaginar um futuro Noel Rosa jogando futebol, quem sabe marcando gols de bicicleta na Copa do Mundo de 1938, e um Leônidas da Silva sambista, quem sabe cantando "Conversa de Botequim" em forma de crônica musicada. Ocorreu exatamente o inverso: Noel foi o branco que fez samba e morreu garoto, em 1937, depois de longo mergulho na boemia carioca; e Leônidas foi o preto que jogou bola, fez sucesso e teve vida longeva.

Bastante populares em vida (mais Leônidas que Noel), ambos viveram uma década de 1930 em que a invenção da brasilidade parecia encontrar um terreno fértil na produção de um Brasil mestiço e cordial. Esse Brasil imaginado seria capaz de resolver no campo da cultura os dilemas de uma formação histórica marcada pela violência do colonialismo, expressa na escravidão, na dizimação dos índios, na manutenção de privilégios de uma minoria e na concentração da propriedade.

O fato é que o futebol se espalhou entre nós com notável rapidez e se impôs como um poderoso elemento catalisador das paixões brasileiras. O jogo se consolidou, ao longo do século XX, como um elemento protagonista na produção da brasilidade (Guedes, 1998) e representou, no campo do esporte, a produção de um Brasil possível. Neste sentido, é possível observar o cruzo histórico com uma irmã do samba, a umbanda, pelo que representou no terreno dos ritos religiosos.

A popularização e o abrasileiramento do esporte inglês e a formação da umbanda ocorrem no mesmo contexto, nas primeiras décadas do século XX. É irresistível sugerir que o futebol e a umbanda se encontram na encruzilhada em que o povo brasileiro, nas frestas de um sistema excludente, se apropriou do jogo britânico e do kardecismo francês para construir seus modos próprios de jogar bola e conversar com os mortos.

A versão mais famosa para a criação da umbanda do Rio de Janeiro — uma espécie de mito de origem que não exclui os sentidos de diversos outros — remete-se ao dia em que, no distrito de Neves, na cidade de São Gonçalo, o jovem Zélio Fernandino de Moraes sofreu uma paralisia inexplicável. Depois de certo tempo sem andar, Zélio teria se levantado e anunciado a própria cura. No dia seguinte, saiu andando como se nada tivesse acontecido. A mãe de Zélio, Leonor de Moraes, tomou um baita susto e levou o filho a uma rezadeira conhecida na região, chamada Dona Cândida, que incorporava o espírito do preto velho Tio Antônio. A entidade baixou em Dona Cândida e disse que Zélio era médium e deveria trabalhar com a caridade.

No dia 15 de novembro de 1908, por sugestão de um amigo do pai, Zélio foi levado à Federação Espírita de Niterói, difusora do kardecismo francês no Brasil. Chegando lá, o rapaz e o pai sentaram-se à mesa. Subvertendo as normas do culto kardecista, Zélio levantou-se subitamente e disse que ali faltava uma flor, deixando a turma do centro espírita sem reação. Foi até o jardim, apanhou uma rosa branca e colocou-a, com um copo d'água, no centro da mesa de trabalho. Ainda segundo a versão mais famosa para o acontecido, Zélio incorporou um espírito que batia no peito e dava flechadas imaginárias. Simultaneamente, diversos médiuns presentes receberam caboclos, índios e pretos velhos. Instaurou-se, na visão dos membros da Federação Espírita, um furdunço inadmissível.

Advertido pelo dirigente da federação, o espírito incorporado em Zélio perguntou qual era a razão para os kardecistas evitarem a presença dos pretos e caboclos do Brasil, se nem sequer se dignavam a ouvir as suas mensagens. Um membro da federação argumentou com o espírito que pretos velhos, índios e caboclos eram culturalmente atrasados e não podiam ser espíritos de luz. Ainda perguntou o nome da entidade. O espírito encarnado em Zélio respondeu que daria início a um culto em que os pretos, índios e caboclos do Brasil poderiam difundir as suas mensagens e cumprir missões espirituais. Disse ainda que era o Caboclo das Sete Encruzilhadas, aquele capaz de percorrer todos os caminhos[1].

À época, a anunciação repercutiu mais nos meios espíritas. Aos poucos, a umbanda foi crescendo e se consolidando. Na década de 1930, era uma força no Rio de Janeiro que não parava de crescer, cruzada a diversos ritos de ancestralidade que formariam o omolokô, o culto afro-ameríndio codificado por Tancredo da Silva Pinto, o Tata Tancredo, bamba do Estácio e pai de santo.

---

[1] Sobre a história da umbanda e um balanço de diversas versões sobre a origem do culto, ver: Ligiéro, Zeca; Dandara. Iniciação à Umbanda. Rio de Janeiro: Pallas, 2018.

Em 1965, 47 anos depois de o Caboclo das Sete Encruzilhadas baixar para subverter uma sessão espírita de mesa, ocorreu o evento "Macumba no IV Centenário", uma gira de umbanda que fazia parte da programação oficial de comemoração dos 400 anos da cidade do Rio de Janeiro. A gira, aberta com discurso do governador Carlos Lacerda, aconteceu no meio do gramado do Maracanã. Falarei dela mais adiante.

Estudiosos da história da umbanda, ao destrinchar o mito de origem centrado na figura de Zélio, destacam que o buraco é mais embaixo e vai além da anunciação do Caboclo das Sete Encruzilhadas, talvez o seu mais famoso codificador. A umbanda é filha da amálgama entre ritos de ancestralidade dos bantos, calundus, pajelanças indígenas, catimbós (o culto de origem tapuia fundamentado na bebida sagrada da Jurema), encantarias, elementos do cristianismo popular, do candomblé nagô e do espiritismo kardecista europeu. Há quem ache que a umbanda representou uma cristianização dos ritos africanos e há quem ache que ela africanizou o cristianismo e se definiu como uma religião tipicamente brasileira. As duas hipóteses não se excluem.

No mito da anunciação, o Caboclo das Sete Encruzilhadas estava insatisfeito, porque o centro espírita não permitia a chegada dos espíritos de índios, caboclos e pretos velhos, preferindo apenas dar passagem aos espíritos já vistos como desenvolvidos ou em processo de desenvolvimento e doutrinação. Na religião que o Caboclo das Sete Encruzilhadas anunciou, os espíritos daqueles que formaram o Brasil aos trancos e barrancos seriam bem chegados para dar passes, oferecer consultas, curar, dançar etc.

O futebol brasileiro popularizado está para o futebol inglês como certa umbanda para o kardecismo e o cristianismo institucionalizado. O futebol praticado aqui começa a ser visto como um jogo inglês subvertido, reinventado e encantado pelos modos brasileiros de se jogar bola. O gramado e o terreiro em que só dançavam na gira do jogo os jovens das elites e os trabalhadores europeus residentes no Brasil começam também a ser ocupados pelos descendentes de escravizados e de índios, pelos subalternizados no violento processo de formação do país e por quem mais resolvesse baixar na gira.

Quando o Brasil ganhou a Copa do Mundo de 1958, o Rei da Suécia cumprimentou todos os jogadores brasileiros. Dentre eles, Pelé, um descendente de bantos escravizados, e Mané Garrincha, um índio fulni-ô[2]. O gramado, afinal de contas, é uma das sete encruzilhadas percorridas pelo caboclo macumbeiro; aquele que nunca encontra caminhos fechados.

---

[2] Garrincha era filho de pai alagoano, Seu Amaro dos Santos, nascido e criado numa aldeia de índios fulni-ô. Somente aos 26 anos, em 1914, Amaro e a mulher vieram para o Rio de Janeiro. Mané Garrincha, um índio fulni-ô de pernas tortas, nasceu 19 anos depois, em Pau Grande, Magé. Os fulni-ô se concentram hoje na região de Águas Belas, em Pernambuco.

A CAPOEIRA DE CHUTEIRAS

JÁ SE FALA, NA DÉCADA DE 1930, de um futebol brasileiro transformado em "arte mestiça", influenciado pela ginga da capoeira e pelo tempo rítmico do samba. É exatamente nesta linha que o cientista social Gilberto Freyre, um dos criadores da ideia da mestiçagem cordial como solução original brasileira, escreve no prefácio à primeira edição do clássico de Mário Filho, "O Negro no Futebol Brasileiro":

> Vá alguém estudar a fundo o jogo de Domingos e a literatura de Machado que encontrará decerto nas raízes de cada um, dando-lhes autenticidade brasileira, um pouco de samba, um pouco de molecagem baiana e até um pouco de capoeiragem pernambucana ou malandragem carioca. Com esse resíduo é que o futebol brasileiro afastou-se do bem ordenado original britânico para tornar-se a dança cheia de surpresas irracionais e de variações dionisíacas que é. A dança dançada baianamente por um Leônidas; e por um Domingos, com uma impassibilidade que talvez acuse sugestões ou influências ameríndias sobre suas personalidades ou sua formação. Mas de qualquer modo, dança. (Freyre, 1947/2003, p. 25)

O futebol brasileiro dionisíaco imaginado por Freyre é aquele que opera na dicotomia entre a razão e o corpo. Na visão do autor, crivada pela carga de preconceito e por certa estreiteza do pensamento binário do período, o jogo lógico dos britânicos foi subvertido pelo irracionalismo brasileiro; a cabeça que pensa foi superada pelo corpo que dança, moleque, festeiro, gingado, sambado, imprevisível. Incapazes de elaborar grandes obras do intelecto, seríamos o povo que, ao invés de pensar, dribla. Talvez não tenha ocorrido a Freyre e aos intelectuais do período que as culturas afro-ameríndias, longe de um suposto irracionalismo sugerido pela blindagem iluminista, lidam com a corporeidade e a natureza do ser de modo distinto ao da razão ocidental.

Mestre Pastinha, figura seminal da capoeira baiana, dizia que ela é "mandinga de escravo em ânsia de liberdade; seu princípio não tem método, e seu fim é inconcebível ao mais sábio capoeirista". O poeta João Cabral de Mello Neto escreveu que "driblar é dar aos pés astúcias de mãos". Garrincha dizia que driblava porque o corpo mandava e a cabeça obedecia. Temos aqui três intelectuais brasileiros — o capoeira, o poeta e o jogador de futebol — falando de sabedorias corporais.

A definição ocidental e dicionarizada para corporeidade é a de que ela designa a maneira pela qual o cérebro reconhece e utiliza o corpo como instrumento de relação com o mundo. Aqui, penso a corporeidade a partir do complexo das macumbas brasileiras — o campo de saberes expressos nos espaços praticados como terreiros (entram aí as rodas de samba, os bailes, as rodas de capoeira, as giras de santo, os desfiles das escolas de samba, os jogos de futebol etc.).

Corporeidade é, no sentido da filosofia da capoeira de Mestre Pastinha e dos dribles de Garrincha, a maneira pela qual o corpo fala, brinca, pulsa, domina a bola, ocupa o espaço vazio do campo com o drible, reconhece o som, a ginga e o samba. O tambor e a bola também reconhecem o corpo, e ambos interagem como instrumentos relacionais com o mundo, amalgamando-se ritmicamente em corpos de mandinga, transitando no transe para reexistir como couro e corpo, uma coisa só.[3]

---

[3] O conceito de corporeidade exposto está desenvolvido em: Simas, L. A; Rufino, L. Fogo no Mato: a ciência encantada das macumbas. Rio de Janeiro: Mórula, 2018.

A DIVINDADE DE UM BRASIL MESTIÇO

O BRASIL VIVIA OS QUINZE ANOS DA ERA VARGAS quando o futebol se consolidou como um esporte popular, preparado para virar verdadeira paixão nacional. Dentre outras características, o período, que sucedeu à Primeira República (1889-1930), notabilizou-se pelo fortalecimento do Poder Executivo, capaz de interferir no sistema político com inédita força e desejo de promover, de maneira autoritária, um amplo conjunto de reformas políticas, administrativas, econômicas e sociais. O auge desse fortalecimento chegou com o golpe político de 1937, quando Getúlio Vargas implantou uma ditadura que adotou o mesmo nome daquela estabelecida por Oliveira Salazar em Portugal: Estado Novo.

Ancorado em forte aparato de censura comandado pelo Departamento de Imprensa e Propaganda (DIP), cuja tarefa era aniquilar divergências e promover as bases da ditadura no campo da cultura, o regime interferiu fortemente na canção popular, criou seções ligadas ao turismo, ao cinema, ao rádio e pensou caminhos de legitimidade no imaginário popular a partir do culto ao líder e da exaltação à nacionalidade.

O Ministério da Educação e Saúde, dirigido por Gustavo Capanema, cooptou diversos intelectuais e artistas, de variados espectros ideológicos, para o esforço em pensar a nacionalidade brasileira a partir da afirmação da autenticidade da cultura popular e da mistura entre as manifestações culturais originadas em diversas partes do país (Schwarz & Starling, 2015, p. 378). Para aquela geração, o Brasil se peculiarizaria como país pela mestiçagem física e cultural de nossa formação. Ela seria resultante do encontro entre povos distintos que teria promovido — na culinária, nas danças, na música, nas vestimentas, na religiosidade, na elaboração de símbolos — a radical originalidade do país.

Apóstolo de uma civilização mestiça, que seria capaz de resolver no campo da cultura seus dramas sociais de formação histórica mais aterrorizantes — como a escravização de africanos e o genocídio indígena —, Gilberto Freyre via no futebol um exemplo da originalidade do Brasil, como expressou no prefácio do livro de Mário Filho. A ginga da capoeira, que Getúlio Vargas declarou considerar o legítimo esporte nacional, subvertia a cintura dura dos britânicos e afirmava a maneira brasileira de jogar bola como a encarnação idealizada do 'povo'.

Nesta amálgama entre o futebol e o povo brasileiro — irmãos siameses, sinônimos, homólogos —, a Copa do Mundo, torneio que começou a ser disputado em 1930, passa a ocupar, especialmente a partir de 1938, o papel de momento máximo das ritualizações da brasilidade: o grande carnaval, o teatro dramático, a trincheira da honra, a gira de macumba, a possibilidade da glória, o temor do desastre, a viabilidade do país; asas no abismo garantindo o voo para horizontes ilimitados. A Copa do Mundo passa a ser o momento de cerzimento dos retalhos desconexos que, uma vez costurados, se transformam na roupa que cairá bem no povo imaginado e desejado: o uniforme da Seleção Brasileira de Futebol.

Se o divino, lugar em que a razão não chega, se manifesta no futebol e os corpos em drible são as divindades que unificam os fiéis em torno de seus feitos, a tarefa está dada: os deuses merecem e precisam de um templo à altura do ritual de celebração que engloba o país inteiro. O maior estádio do mundo.

É da vontade de erguer um monumento à grandeza brasileira e de construir uma narrativa suficientemente afável para redimir — e sobretudo esconder — uma história predominantemente violenta que surgirá o Maracanã. O mesmo que, décadas depois, foi destruído para a construção de uma arena sob outra perspectiva, inversa à original: a da elitização do público. Fica a sensação de que o país imaginado e materializado na ousadia do gigante de concreto, com suas arquibancadas, cadeiras e gerais, parece não existir nem mais como fabulação, nem mais como desejo.

PEQUENOS PAPAGAIOS E GRANDES CAVALOS

A CHEGADA DA CORTE PORTUGUESA, em 1808, liderada pelo Príncipe Regente Dom João no contexto das guerras napoleônicas na Europa, é certamente um dos fatos mais inusitados da história brasileira. Quem atravessa de barca a Baía de Guanabara e chega ao Rio de Janeiro pelo terminal da Praça XV, se depara hoje com duas estátuas, dois Joões, que dizem muito sobre as complexidades da cidade: Dom João VI, a cavalo, e João Candido Felisberto, o marinheiro negro que liderou em 1910 a revolta contra os castigos corporais na Marinha do Brasil. Um ergueu o cetro; o outro quebrou a chibata.

A presença da corte no Trópico alterou profundamente não apenas os rumos da história do Brasil, mas também o cotidiano do Rio de Janeiro. A falta de moradias capazes de abrigar a família real foi resolvida por Elias Antônio Lopes, comerciante lusitano metido com o tráfico negreiro, que doou a Dom João o casarão em que morava, em São Cristóvão, com vista deslumbrante — hoje em dia tampada por prédios horrendos, aterros e asfaltos — para as enseadas da Baía de Guanabara, origem do nome Quinta da Boa Vista.

A presença da corte em São Cristóvão valorizou algumas regiões próximas da Quinta, que andavam abandonadas. É o caso de uma extensa área alagada entre os rios Maracanã e Trapicheiros, antiga propriedade dos jesuítas, expulsos do Brasil em 1759 pelo Marquês de Pombal. Com a valorização trazida pela presença dos nobres portugueses, a área foi adquirida pelo comerciante de pedras preciosas Francisco José da Silva Rocha, o Barão de Itamaraty.

A origem do nome Maracanã para o rio que alagava as terras — e posteriormente nomeou o estádio de futebol e o bairro — é conhecida. O engenheiro baiano Theodoro Sampaio, autor do livro "O tupi na geografia nacional", afirma que Maracanã significa "semelhante ao Maracá"; o que imita, no som, o maracá ou o chocalho, designando assim uma espécie de papagaio barulhento. Outro autor, J. Romão da Silva, confirma na obra "Denominações Indígenas na toponímia carioca" que o termo vem de maraca, m(b)araca (maracá, guiso, chocalho) e nã (semelhante, parecido): semelhante ao maracá, imitação do som do maracá. Diz-se de uma casta de papagaio pequeno e barulhento. O "Dicionário histórico das palavras portuguesas de origem tupi", de Antônio Geraldo da Cunha, registra o mesmo, com abundantes exemplos retirados das crônicas dos séculos XVI e XVII e da literatura.

Se não há dúvidas sobre o Maracanã ser um pequeno papagaio, há controvérsias, entretanto, sobre a nomeação do rio. A hipótese mais propalada é a de que bandos de papagaios e periquitos voavam pela região fazendo uma barulheira tremenda. O escritor flamenguista Alberto Mussa, conhecedor do tupi e autor de obras sobre mitologias indígenas, afirmou o seguinte quando perguntado sobre o nome do estádio:

> Maracanã é um psitacídeo, da turma dos papagaios e araras. Agora, por que o rio e o bairro se chamam Maracanã é outra história. Minha hipótese (baseada na tradição tupinambá) é que devia haver ali uma taba cujo nome era Maracanã, por ter como tuxaua

um homem chamado Maracanã, já que as tabas eram nomeadas muitas vezes pelo nome do tuxaua. Um homem com nome de Maracanã é plenamente verossímil. Essa conversa de que na região toda havia revoadas de maracanãs não me convence. Sendo assim, a cidade iria se chamar Maracanã também[4].

A despeito da discussão sobre o nome, que a rigor não pode ser resolvida, o fato é que, com a morte do Barão de Itamaraty, a propriedade cortada pelo rio Maracanã passou para o filho dele, o Visconde de Itamaraty. Com a morte deste, as terras foram para a viúva, Dona Maria Romana Bernardes da Rocha. Nos tempos em que Dona Maria era dona das terras dos papagaios barulhentos, na segunda metade do século XIX, uma nova onda esportiva andava fazendo sucesso entre os cariocas: a turma da cidade estava vidrada em corridas de cavalos.

Na onda da paixão pelos equinos, foi fundado em março de 1885 o Derby Club do Rio de Janeiro, na Rua do Hospício, 91, atual Rua Buenos Aires. No local, funcionava o escritório do engenheiro Paulo de Frontin, fanático por corridas de cavalos e primeiro presidente do Derby. Logo depois, o clube de corridas comprou as terras da viúva do Visconde de Itamaraty. Com a drenagem e o aterro do solo alagado, o Derby foi inaugurado no dia 6 de agosto de 1885. Já no início do século XX, porém, o clube queria transferir o prado de corridas para a Zona Sul (Vieira, 2000, p. 17).

Mas por que a Zona Sul? Acontece que, com o passar dos anos, e especialmente após as reformas urbanas comandadas pelo prefeito Pereira Passos no início do século XX, a Zona Sul se consolidou como local de preferência da população mais abastada do Rio de Janeiro. A construção da identidade carioca a partir do epíteto "Cidade Maravilhosa" ia de vento em popa.

---

[4] Alberto Mussa deu a resposta em e-mail ao autor.

A primeira referência registrada à expressão, curiosamente, é atribuída a um grupo de foliões cariocas. No carnaval de 1904, protestavam contra as carrocinhas da prefeitura de Pereira Passos, que em nome do saneamento urbano recolhiam cachorros de rua, acusando o prefeito de impedir "a canina estirpe de viver e gozar da plena liberdade das ruas da capital" e distribuindo os seguintes versos[5]:

> Essa gaiola bonita
> Que aí vai sem embaraços
> É a invenção mais catita
> Do genial Dr. Passos.
> Agarra! Cerca! Segura!
> — Grita a matilha dos guardas —
> Correndo como em loucura
> Com um rumor de cem bombardas.
> Terra sempre em polvorosa
> Bem igual no mundo inteiro,
> Cidade Maravilhosa!
> Salve, Rio de Janeiro!

A expressão começou a aparecer aqui ou ali, como na crônica "Os Sertanejos", escrita por Coelho Neto em 1908, sobre músicos nordestinos impressionados com a Exposição Nacional da Urca, em comemoração ao centenário da abertura dos portos. Em 1913, a poetisa francesa Jane Catulle Mendès publicou em Paris o livro "*La Ville Merveilleuse*", impressionada com uma viagem ao Rio realizada em 1911 e fascinada pelas belezas naturais da cidade. Em 1922, o poeta Olegário Mariano publicou o livro de poemas "Cidade Maravilhosa", chegando a alcunhar o Rio de Janeiro como a cidade do amor e da loucura, do êxtase e da melancolia.

---

[5] O Paiz, edição de 16/02/1904.

No contexto de uma cidade pulsante que modernizava o centro em moldes parisienses, demolia com violência habitações populares e via seus morros e subúrbios ocupados pela população expulsa das zonas centrais pelas reformas, o ricaço Lineu de Paula Machado sugeriu a transferência do Derby Club das margens do rio Maracanã para a Zona Sul. Em 1919, Paula Machado (vice-presidente do Derby na gestão do engenheiro João Teixeira Soares) negociou com o próprio presidente da República, Epitácio Pessoa, a permuta entre o terreno do Maracanã e uma área com aterros de mangue às margens da Lagoa Rodrigo de Freitas.

A pedido do presidente, o prefeito do Rio de Janeiro, Carlos Sampaio, naquela altura empenhado no projeto de demolição do Morro do Castelo, fez a permuta. O Derby ficou com um terreno entre a Lagoa e o Jardim Botânico, região cada vez mais valorizada da cidade, e o município herdou — e abandonou às traças de imediato, já que a própria prefeitura admitia não ter nada o que fazer ali — o hipódromo às margens do rio Maracanã. Favorecido pelo poder público, o Derby inaugurou em grande estilo o Hipódromo da Gávea em 1926 e fundiu-se quatro anos depois com o Jóquei Club. Foi criado assim o Jóquei Clube Brasileiro, até hoje um clube com fama de ser frequentado apenas por endinheirados.

O antigo prado do Maracanã acabou tendo uma utilidade chinfrim: parte dele virou estacionamento de um grupamento de carros de combate militares, onde inclusive serviu o soldado Nelson Mattos, mais conhecido no meio do samba como Nelson Sargento, baluarte da Estação Primeira de Mangueira. A outra parte, um enorme terreno baldio, teve destino mais nobre do que abrigar carros de combate: virou espaço de lazer para a garotada que vivia na região e, dentre outras coisas, começava a jogar bola.

Tudo ia nessa toada até que, na onda da popularização do futebol e dos esportes em geral, o Brasil passou a querer duas coisas: ter um estádio monumental, capaz de representar materialmente o crescimento do país, e sediar uma Copa do Mundo.

2
TIRANDO O ESTÁDIO DO PAPEL

A PRIMEIRA IDEIA DA NECESSIDADE DE UM ESTÁDIO CARIOCA não foi condicionada pela realização da Copa, é anterior ao desejo de o Brasil sediar uma Copa do Mundo. Ela remonta aos anos de 1936 e 1937, quando o governo de Getúlio Vargas anunciou o interesse em construir o campus da Universidade do Brasil, em processo de estruturação, e considerou a região entre o rio Maracanã, a Quinta da Boa Vista e a Linha Férrea — área do antigo hipódromo do Derby Club — como ideal. Suas origens, portanto, estão nos objetivos da Era Vargas e no flerte do governo com os padrões estéticos e pedagógicos do fascismo, nos anos 1930. Antes mesmo de o Brasil ser escolhido para sediar a Copa do Mundo, a visão do esporte como extensão da educação — em moldes similares ao do fascismo italiano — durante o governo autoritário de Getúlio e da administração de Gustavo Capanema explicam o interesse na obra. O estádio sonhado na Era Vargas não veio. Os tempos eram outros e quem veio foi a Copa do Mundo.

AS PRIMEIRAS COPAS

AS PRIMEIRAS COPAS DO MUNDO aconteceram no mesmo contexto em que o futebol se popularizou no Brasil. A Era Vargas propunha a modernização autoritária do país a partir do modelo urbano e industrial, uma geração de intelectuais pensava os dilemas da formação do Estado-Nação e a ideologia da mestiçagem parecia ser a solução para os dramas e tensões da formação histórica brasileira. Vale a pena traçar breve panorama desses primeiros certames, repletos de histórias inusitadas, e do desempenho da Seleção Brasileira.

URUGUAI: 1930

SÓ UMA BOA DOSE DE MEGALOMANIA, temperada pela paixão que o futebol desperta, poderia justificar a construção de um estádio para 90 mil pessoas, em 1930, no Uruguai — pequeno país do extremo sul da América. Um cartesiano de carteirinha diria que um estádio com essas proporções, em um país com a baixa densidade demográfica do Uruguai, justificaria anos de tratamento psiquiátrico para seus entusiastas.

Às favas com a racionalidade. Foi a megalomania apaixonada dos orientais que proporcionou a construção do Estádio Centenário, em

Montevidéu, capital do país. Imponente, verdadeiro monumento de cimento e grama, templo sagrado do jogo profano, o Centenário foi erguido às margens do Rio da Prata para ser o palco principal da primeira Copa do Mundo da história. O nome do estádio homenageava os 100 anos da Constituição Uruguaia de 1830, promulgada pouco depois da independência do país. A Constituição foi pras cucuias faz tempo. O estádio continua de pé.

A Copa do Mundo contou com apenas 13 seleções participantes. A maioria dos países europeus, alegando a distância e os efeitos da crise econômica mundial devido à quebra da bolsa de valores de Nova York, em 1929 (que levou o mundo capitalista para o buraco), fez *forfait*. Apenas três seleções do Velho Mundo atravessaram o Atlântico para bater bola e entrar para a história do futebol: Iugoslávia, Romênia e França.

Se os europeus preferiram ficar em casa, o mesmo não pode ser dito dos americanos, de norte a sul. Até os Estados Unidos, com a histórica dificuldade de convencer o público interno de que também se pode jogar bola com os pés, mandaram um time para o Uruguai. Os jornalistas que cobriram a Copa, impressionados com os músculos dos jogadores, apelidaram o selecionado norte-americano de "os arremessadores de peso", admitindo ser difícil imaginar os brutamontes chutando uma bola. Surpreendentemente, a seleção norte-americana chegou às semifinais, com gols 'espíritas' e uma defesa que batia mais do que os exércitos do Norte na Guerra de Secessão. Os Estados Unidos acabaram eliminados pela Argentina, mas voltaram para casa com a terceira colocação. A Iugoslávia, que perdera a outra semifinal para o Uruguai, simplesmente deu uma banana para o bronze, voltou para casa e não disputou o terceiro lugar.

Dentre os jogos épicos dessa primeira edição do mundial, merecem menção o embate entre Argentina e França e a final entre Uruguai e Argentina; duas partidas que não ficam nada a dever aos maiores clássicos cinematográficos da história do Velho Oeste, que naquela década começaram a fazer enorme sucesso nos cinemas.

A refrega entre argentinos e franceses foi marcada por gols perdidos, expulsão, invasão de campo da torcida local — que apoiou a França — e pela atitude inexplicável do juiz brasileiro Almeida Rego, que resolveu acabar o jogo aos 38 minutos do segundo tempo, sem qualquer motivo aparente. Depois de ser ameaçado pelos franceses, Almeida Rego considerou a decisão e deu prosseguimento ao embate. A Argentina levou a melhor pela vantagem mínima (1 x 0).

A final entre uruguaios e argentinos entrou para a história como a "Batalha do Rio da Prata" e foi embalada pelo ritmo do tango. Carlos Gardel, o maior artista do gênero, disputado pelos dois países, visitou ambas as concentrações na véspera do jogo e cantou alguns sucessos. Para os uruguaios, Gardel nasceu em Tacuarembó, em terras uruguaias. Os argentinos insistiam que Gardel era deles. Estudiosos da vida do cantor garantem que Gardel era de Toulouse, na França, tendo chegado à Argentina ainda criança. Para fugir da encrenca sobre a origem, o cantor tinha uma resposta espirituosa: "Nasci em Buenos Aires aos dois anos e meio de idade". Como ídolo dos dois países, Gardel temia perder fãs se manifestasse aberta torcida por uma das seleções. Preferiu dar uma de malandro milongueiro e prudentemente acompanhou a final à distância.

O jogo terminou com o placar de 4 x 2 para os uruguaios, escore que os mais de 500 jornalistas presentes consideraram exagerado, em virtude do equilíbrio que marcou a partida. O capitão da "Celeste Olímpica", José Nazassi, recebeu das mãos de Jules Rimet, presidente da Fifa, a "Deusa de Asas de Ouro", uma taça feita em mármore e ouro, esculpida pelo francês Abel Lafleur.

Fora do estádio, a pancadaria comeu solta. Milhares de argentinos que tinham atravessado o Prata para ver a partida (centenas não conseguiram ingressos para entrar no Centenário) resolveram vingar a derrota promovendo memorável furdunço nas ruas de Montevidéu.

O time brasileiro, treinado por Píndaro de Carvalho, passou longe de fazer bonito no primeiro mundial. O Brasil perdeu na estreia para a Iugoslávia, 2 x 1, e goleou a fraquíssima seleção da Bolívia por 4 x 0 no segundo jogo. A despeito da vitória contra os bolivianos, a seleção foi eliminada na primeira fase. Alguns jogadores culparam o frio uruguaio pelo fracasso. Deixando de lado o frio, que afinal não pode se defender, é melhor procurar as razões para o fiasco brasileiro na crise interna que marcava, naquele tempo, o nosso futebol.

Os clubes paulistas se negaram a ceder atletas para o escrete. Havia divergências entre os próprios paulistas (divididos em duas federações), e entre estes e a Confederação Brasileira de Desportos, entidade responsável pelo comando do futebol nacional. Dos paulistas, apenas Araken Patuska, que brigou com o Santos, seu clube, foi ao Uruguai. Ficaram de fora craques como Feitiço e o dito melhor jogador brasileiro à época, "El Tigre" Arthur Friedenreich.

Salvaram-se do pífio desempenho do Brasil no certame: Fausto, do Vasco da Gama, mais conhecido como "A Maravilha Negra" — que os jornalistas presentes afirmam ter sido o único que jogou o futebol que estava acostumado a praticar no clube —, e o atacante Preguinho. O atleta do Fluminense, filho do escritor Coelho Neto, marcou o primeiro gol brasileiro na história das Copas.

ITÁLIA: 1934

REALIZADA ENTRE 27 DE MAIO E 10 DE JUNHO DE 1934, a segunda Copa do Mundo foi sediada pela Itália, no auge da ditadura fascista liderada por Benito Mussolini. A seleção italiana, que saudava o ditador fascista com gritos e braços estendidos a cada jogo, foi campeã em cima da Tchecoslováquia por 2 x 1. A curiosidade é que o time contava com integrantes *oriundi*. Três argentinos descendentes de italianos:

Monti, vice-campeão mundial pela Argentina em 1930; Guaita; e Orsi. Além deles, o brasileiro Amphilóquio Marques, o Filó, ponta-direita do Corinthians Paulista.

O campeonato foi disputado por dezesseis países, com jogos eliminatórios desde a primeira rodada. O Uruguai, campeão anterior, não participou desta edição. O país, mergulhado em grave crise econômica, declarou não ter condições de enviar uma seleção para defender o título na Europa. À boca miúda, corria a história de que os jogadores uruguaios teriam exigido uma dinheirama forte para jogar a Copa. Outra justificativa, mais plausível, é a de que os uruguaios estavam respondendo ao pouco caso que as seleções da Europa fizeram da Copa do Mundo de 1930.

Nas quartas de final, após um empate em 1 x 1, Itália e Espanha disputaram uma partida extra, vencida pela Itália pela contagem mínima. O gol de Giuseppe Meazza, segundo os espanhóis, foi marcado com a mão. O detalhe estranho da disputa foi o fato de oito jogadores espanhóis terem se machucado no mesmo dia e ficado de fora da partida entre a Azurra e a Fúria.

Mussolini assistiu a todos os jogos da seleção italiana. Para fazer a propaganda do evento entre os compatriotas, o *Duce* visitava a concentração dos italianos e simulava fazer embaixadinhas e bater bola com assessores, para tirar fotos que ilustravam manchetes de jornais que bajulavam o líder.

Na disputa pela terceira colocação, entre a Alemanha e a Áustria, um fato prosaico: as duas seleções foram a campo com o mesmíssimo uniforme alvinegro e ninguém admitiu trocar de roupa. O juiz, ainda assim, ordenou o início da partida e só percebeu que a coisa não estava dando certo quando a torcida austríaca, por engano, comemorou o primeiro gol alemão. O jogo foi paralisado e, depois de um sorteio, a Áustria vestiu camisas azuis emprestadas pelo Napoli, o time da cidade em que se travou a disputa.

O Brasil teve o desempenho prejudicado por brigas internas entre a Confederação Brasileira de Desportos (CBD) — entidade amadora, mas reconhecida pela Fifa — e a Federação Brasileira de Futebol (FBF) — profissional — que dificultaram a montagem de um time ideal. Alguns jogadores do Palestra Itália (atual Palmeiras) foram escondidos em um sítio em Matão, no interior de São Paulo, para não serem convocados — os atletas Romeu, Lara, Gabardo, Junqueira e Tunga. O goleiro Rey teria recebido 20 contos de réis da CBD para que deixasse o Vasco da Gama e disputasse o mundial. Rey chegou a pegar o dinheiro, mas devolveu a grana e retornou ao clube.

A seleção chegou de navio dois dias antes do primeiro jogo. Alguns jogadores alegaram o enjoo da viagem marítima para justificar a má forma física. O Brasil perdeu na estreia para a Espanha (3 x 1), em Gênova, sendo prontamente eliminado. O gol único da seleção foi marcado por Leônidas da Silva. Carta fora do baralho ainda na primeira partida, a Seleção Brasileira aproveitou a viagem à Europa para fazer vários amistosos. Não consta que a derrota tenha causado comoção especial no Brasil.

FRANÇA: 1938

A COPA DO MUNDO DE 1938 foi realizada, entre 4 e 19 de junho, na França. No coração infartado de uma Europa às vésperas da Segunda Guerra Mundial, já em meio às estripulias macabras de Hitler e à expansão dos delírios nazistas.

A Áustria, à época uma força do futebol europeu, fora invadida pelas forças nazistas e anexada ao Reich de Hitler. Seus principais jogadores foram obrigados a jogar pela seleção da Alemanha. Sem time, mas classificada para o mundial, a Áustria perdeu por W.O. para a Suécia no primeiro jogo.

A Espanha, outra força do futebol do Velho Mundo, estava mergulhada em uma sangrenta guerra civil. Em virtude da disputa entre a esquerda republicana e os fascistas do Generalíssimo Franco, a Fúria também não participou da competição. No fim das contas, trinta e seis países se inscreveram para disputar o certame e quinze acabaram, de fato, participando do torneio.

A Alemanha, fortalecida pelos jogadores da Áustria, foi vítima da zebra suíça e acabou eliminada após empatar um jogo e perder o outro para o time da terra do Cuco por um placar inapelável: 4 x 2.

A expectativa quanto ao Brasil era muito maior que nas duas Copas anteriores. Resolvidos os dilemas internos entre o amadorismo e o profissionalismo e as rusgas entre cariocas e paulistas, com o triunfo da profissionalização, a Seleção Brasileira chegou ao mundial com um elenco formado pelos principais jogadores do país. Tendo como destaque Leônidas da Silva, a seleção derrotou a Polônia, na estreia, em um jogo mais difícil do que os brasileiros esperavam. O placar, um inusitado 6 x 5, só foi definido na prorrogação.

Naquele tempo não havia a disputa de pênaltis para definir o vencedor. Em caso de empate na prorrogação, uma nova partida era realizada 48 horas depois. Brasil e Tchecoslováquia passaram por isso. Após o empate em um gol no primeiro jogo, numa verdadeira batalha campal em que jogadores dos dois times protagonizaram cenas de pugilato, com direito a expulsões e atletas machucados, a seleção eliminou os tchecos por um sofrido 2 x 1.

Na semifinal disputada contra a Itália, em Marselha, a Seleção Brasileira cometeu uma série de equívocos que custaram a vaga na finalíssima. A notícia que circulou entre jornalistas foi a de que o técnico Adhemar Pimenta, para alguns em decisão esdrúxula, resolvera poupar dois dos melhores jogadores da equipe, Tim e Leônidas, para a partida final. O próprio Leônidas, porém, garantiu que não tinha condições de jogo, em virtude de contusão sofrida na disputa contra a Tchecoslováquia.

No jogo contra a Itália, ficou patente a inexperiência de alguns brasileiros. O fato evidente disso foi o pênalti que Domingos da Guia, zagueiro da seleção, cometeu no comandante do ataque italiano, Silvio Piola. Domingos aparentemente não acreditou que o juiz pudesse apitar uma infração cometida fora do lance de jogo. Aproveitou que a bola estava longe do gol do Brasil e fez falta no italiano, que o provocara, dentro da área. O lance gerou polêmica — alguns afirmam que a bola estava fora de jogo, o que não permitiria a marcação da falta. Outros garantem que Domingos de fato dera um chega pra lá no italiano com a bola em jogo, mas admitem que Piola exagerou no drama, contorcendo-se e fazendo rolamentos como se estivesse próximo a morrer no gramado. Polêmicas à parte, bola na cal e gol da Itália — decisivo para que o Brasil terminasse derrotado por 2 x 1. Como consolo, restaram a conquista da terceira colocação em jogo contra a Suécia e a consagração do artilheiro Leônidas da Silva como um dos primeiros mitos do esporte brasileiro.

A Itália disputava o bicampeonato com uma equipe de respeito. E um tanto pressionada. Mussolini queria o bicampeonato de qualquer maneira, para exaltar os feitos fascistas. O governo enviou à delegação italiana um telegrama de incentivo e, ao mesmo tempo, ameaça: vencer ou morrer. Para o bem dos jogadores, a vitória prevaleceu, e a Itália conquistou o bicampeonato ao bater a Hungria por 4 x 2.

Transmitida pela rádio, a Copa do Mundo de 1938 mobilizou brasileiros de diversas partes do país. Os triunfos contra a Polônia e a Tchecoslováquia animaram a população. O desempenho de Leônidas da Silva, que virou até garoto-propaganda de um chocolate produzido em sua homenagem, o "Diamante Negro", chamou atenção. O próprio Getúlio Vargas, que na intimidade revelava que não era fã de futebol — achava o esporte monótono, mas adorava as fortes emoções do golfe —, manifestou publicamente a torcida pela seleção.

Na véspera do início daquela Copa do Mundo, no dia 3 de junho de 1938, o Brasil apresentou na sessão plenária do Congresso da Fifa, em Paris, o interesse em sediar o torneio de 1942. A Alemanha manifestou a mesma intenção e levou a melhor, em virtude da bem-sucedida realização dos Jogos Olímpicos de Berlim, em 1936. Ao Brasil caberia a chance de sediar o campeonato de 1946.

A explosão da Segunda Guerra Mundial, entretanto, inviabilizou os dois torneios. A próxima Copa do Mundo seria disputada apenas em 1950, e teria como palco principal o maior estádio de futebol até então concebido e erguido no mundo, bem pertinho do rio onde bandos de periquitos e papagaios gostavam de fazer barulho.

PROJETANDO O ESTÁDIO

A CRIAÇÃO DA PRIMEIRA UNIVERSIDADE BRASILEIRA surgiu com o Decreto 14.343, de 1920, no governo do presidente Epitácio Pessoa. A instituição recebeu o nome de Universidade do Rio de Janeiro. No início, ela reuniu: a Escola Politécnica, oriunda da Real Academia de Artilharia, Fortificação e Desenho, criada no reinado de Dona Maria I, em 1792; a Faculdade Nacional de Medicina, criada em 1808 pelo Príncipe Regente Dom João com o nome de Academia de Medicina e Cirurgia; e a Faculdade Nacional de Direito, resultante da fusão entre a Faculdade de Ciências Jurídicas e Sociais e a Faculdade Livre de Direito, em 1891. Aos primeiros cursos, outros foram sendo agregados, como o da Escola Nacional de Belas Artes, oriunda da Escola Real de Ciências, Artes e Ofícios, fundada por Dom João em 1816.

    A Universidade do Rio de Janeiro passou por forte reestruturação na Era Vargas. Comandada pelo ministro Gustavo Capanema, titular do Ministério da Educação e Saúde do governo, a instituição passou a se chamar Universidade do Brasil. O desejo de um campus à altura da instituição que deveria ser a referência para o ensino superior brasileiro foi consequência desse processo. Os três projetos elaborados para o campus na década de 1930 foram concebidos por Le Corbusier, Lúcio

Costa e Marcelo Piacentini, o arquiteto que projetou a Universidade de Roma durante a ditadura fascista de Benito Mussolini na Itália.

Os projetos de Le Corbusier e Lúcio Costa foram logo rejeitados pela Comissão do Plano da Universidade, ligada a Capanema e formada por professores declaradamente contrários à arquitetura moderna (Comas, 2011, p. 17). Com o descarte dos dois projetos, Piacentini foi contratado e concluiu o plano para o campus em 1938, auxiliado por Vittorio Mapurgo, seu colaborador direto. O projeto do italiano guardava semelhanças com o Foro Mussolini, criado em 1928, às margens do rio Tibre, e inspirado no Foro Romano do período da Roma imperial.

A ideia do Foro Mussolini — que após a Segunda Guerra Mundial, com a queda do fascismo, passou a se chamar Foro Itálico — foi de Renato Ricci, presidente da Opera Nacionale Balila (ONB), uma organização inspirada no escotismo para promover a educação extracurricular, esportiva e paramilitar dos jovens italianos. Fundada em 1926, a ONB foi incorporada aos órgãos de juventude do Partido Nacional Fascista na década de 1930.

Projetado por Enrico Del Debbio e Luigi Moretti, o Foro foi um dos mais impressionantes exemplos da arquitetura monumental do Estado fascista. Logo na entrada, a Praça do Império era anunciada por um monólito em homenagem a Mussolini. Em um lado da praça ficava a Academia Fascista de Educação Física; no outro, a Academia Fascista de Música. Com inúmeras referências ao classicismo greco--romano, a construção era pródiga em equipamentos esportivos, como o Estádio dos Cipestres (atual Estádio Olímpico de Roma), o Estádio dos Mármores (centro de treinamento atlético), o Estádio de Tênis, a Academia de Esgrima e o Palácio das Termas. Neste último, além das piscinas cobertas, havia um ginásio para uso exclusivo de Mussolini.

Para o campus da Universidade do Brasil, Piacentini propôs um projeto com uma praça monumental, outras praças menores, prédios das faculdades, quadras, picadeiros, pista de patinação, pontes ligando isso tudo e dois estádios inspirados no Estádio dos Cipestres e no Estádio dos Mármores. O projeto do italiano não saiu do papel. O levantamento de custo das obras e das indenizações para as desapropriações adiou o início da execução.

No contexto da Segunda Guerra Mundial, que estourou em 1939, a aproximação entre o Brasil e os Estados Unidos, ancorada na política da boa vizinhança norte-americana, e o posterior rompimento entre o país e o eixo nazifascista inviabilizou de vez a construção planejada pelo italiano. O descarte não significou o abandono da ideia do estádio e do complexo esportivo e universitário em torno dele.

Em março de 1941, a ditadura do Estado Novo criou o Conselho Nacional de Desportos (CND), ligado ao Ministério da Educação, e anunciou a disposição de construir o Estádio Nacional e a Escola Nacional de Educação Física e Desportos, dentro de um projeto mais amplo para a construção do maior complexo esportivo da América do Sul. A proposta estava longe de ser modesta. O CND anunciou que sua referência seria o estádio de futebol, que comportaria ainda eventos de atletismo, desfiles cívicos e espetáculos musicais. Em torno do estádio, haveria quadras de tênis, centro hípico com um campo de polo, ginásio coberto, quadras de basquete e vôlei, parque de recreações com capacidade para 500 crianças e um colégio capaz de receber, a princípio, 400 alunos. Para isso, foi lançado um concurso público para a escolha da proposta vencedora.

Os projetos foram analisados por uma comissão formada por arquitetos e engenheiros do primeiro time: Hildebrando de Araújo Góis, Mário Belizário de Carvalho, Atílio Correia Lima, Eduardo Souza Aguiar e Ary Azambuja. Os dois primeiros eram funcionários da Divisão de Obras do Ministério da Educação. Correia Lima, além de ter vencido o concurso para a Estação de Hidroaviões, foi finalista do concurso do Aeroporto Santos Dumont, no Rio de Janeiro. Souza Aguiar era o diretor da Divisão de Obras do Ministério da Educação. E Azambuja representava o Departamento Administrativo do Serviço Público (Dasp), um órgão criado em julho de 1938, diretamente subordinado à Presidência da República, com a função de organizar e racionalizar o serviço público no país.

Numa primeira etapa do concurso, três projetos foram escolhidos como finalistas. Todos eram de ex-alunos da Escola Nacional de Belas Artes: o da dupla Pedro Paulo Bernardes Bastos e Antônio Augusto Dias Carneiro; o da equipe formada por Thomaz Estrella, Renato Soeiro, Renato Mesquita dos Santos e Jorge Ferreira; e o de Oscar Niemeyer, que tinha como consultor estrutural o engenheiro Emílio Baugart, o mesmo parceiro do vitorioso projeto da sede do Ministério da Educação (Comas, 2011, p. 23).

Em novembro de 1942, o resultado do concurso foi divulgado. Bastos e Carneiro venceram, com três votos contra dois, o projeto de Niemeyer. A comissão julgadora, entretanto, declarou que todos os projetos tinham defeitos insuperáveis e não solucionavam o problema do acesso de pedestres ao estádio. Os dois finalistas votados apresentavam sérios problemas: Niemeyer propunha o rebaixamento do campo; as arquibancadas de Bastos e Carneiro apresentavam baixa visibilidade. Mario de Carvalho chegou a querer chutar o balde: achou tudo uma porcaria e propôs que todos fossem desclassificados e o concurso não tivesse vencedor. Foi voto vencido.

No meio do imbróglio, a solução encontrada foi inusitada: Capanema considerou, com aval da Consultoria Geral da República, que o resultado, com a vitória de Bastos e Carneiro, seria levado em consideração para efeito do pagamento do prêmio, mas não para efeito da execução da obra. Para tornar a coisa mais complicada e burocratizada ainda, definiu-se que seria formada uma comissão para analisar o parecer da primeira comissão e proferir uma decisão definitiva.

Enquanto comissões eram formadas para dar pareceres sobre os pareceres de outras comissões, uma nova comissão (sim, é isso mesmo) foi formada em 1944 para concluir que o campus da Universidade do Brasil não deveria mais ficar entre a antiga área do Derby Club e a Quinta da Boa Vista. O campus deveria ser erguido na Vila Valqueire, na Zona Oeste carioca. Houve até mesmo a proposta delirante de que a Cidade Universitária fosse erguida em pilotis sobre a Lagoa Rodrigo de Freitas.

Nova comissão, no ano seguinte, concluiu que a Vila Valqueire não era o lugar ideal e a ideia dos pilotis da Lagoa era maluquice. Em maio de 1945, definiu-se que o campus deveria ser erguido na Baía de Guanabara, nas ilhas do Fundão, Pindaí do Ferreira, Pindaí do França, Bom Jesus, Sapucaia, Baiacu, Cabras e Catalão, a serem reunidas por meio de aterro (Souza Campos, 1945).

No fim das contas, a segunda comissão formada por Capanema para analisar o resultado da primeira não elaborou nenhum parecer. A ditadura de Getúlio Vargas caiu, enfraquecida por uma contradição incontornável: o Estado Novo, com características similares ao fascismo, acabou entrando na guerra para combater o fascismo. A aproximação com os Estados Unidos — que chegam a financiar a construção da Companhia Siderúrgica Nacional de Volta Redonda em troca do direito de instalação de bases militares no Nordeste brasileiro —, o ataque de submarinos do Eixo a navios brasileiros na costa do Brasil e as pressões populares tiraram Getúlio Vargas da neutralidade.

A Força Expedicionária Brasileira, criada para combater o fascismo na guerra, adotou como símbolo uma cobra fumando. A irônica referência era uma cutucada nos opositores de Getúlio Vargas, que diziam que o Estado Novo só iria entrar em guerra contra o fascismo no dia em que uma cobra fumasse. A cobra fumou, a FEB lutou contra o fascismo na Campanha da Itália, o Estado Novo caiu e o estádio, aquele que gerou a formação de comissões para analisar outras comissões, não saiu do papel.

A IDEIA DE NIEMEYER

O ESTÁDIO PROJETADO POR OSCAR NIEMEYER para o concurso promovido por Capanema apresentava algumas características marcantes. A cobertura seria formada por uma superfície de concreto branca, com curvas desenhadas para, segundo o arquiteto, dar um sentido fluido e sensual à obra. A parte mais pesada da cobertura seria sustentada por um grande arco por meio de tirantes. O projeto ainda previa arquibancadas atrás dos gols e em apenas uma lateral do campo; a outra seria inteiramente destinada às tribunas.

Em 2004, Niemeyer falou especificamente sobre o projeto em entrevista ao repórter Geneton Moraes Neto. Duas declarações merecem citações integrais. Na primeira, o arquiteto critica o próprio projeto:

> O meu estádio seria pior. Naquele tempo, a ideia que tínhamos da arquitetura do estádio de futebol era fazer uma única arquibancada do lado em que o sol não batesse na cara do espectador. Depois de começar a frequentar estádios, vi como era importante existir também arquibancadas do outro lado. O sujeito vê o campo, vê o jogo, mas precisa ver também a alegria do estádio. Então, um estádio circular como o Maracanã é a solução melhor.[6]

---

[6] Disponível em https://vejario.abril.com.br/blog/historias-do-futebol-carioca/o-maracana-de-niemeyer/, acesso em outubro de 2020.

Na segunda declaração, Niemeyer conta um episódio envolvendo Getúlio Vargas:

> Passaram-se alguns anos, eu estava na casa da Maria Martins, em Petrópolis, quando chegou Getúlio Vargas, a quem eu nunca tinha encontrado. O Getúlio olhou pra mim e disse: "Se eu tivesse ficado no governo, teria feito o seu estádio". Tive vontade de dizer: "Era ruim. O outro projeto era melhor".[7]

Essa entrevista de Niemeyer talvez tenha estimulado uma confusão que acabou prevalecendo em relação ao Maracanã. A rigor, o projeto de Niemeyer não perdeu para o projeto de estádio que foi definido em 1947 e erguido para a Copa do Mundo de 1950. O concurso em questão foi o promovido por Gustavo Capanema, em 1941, e vencido pela dupla Bastos e Carneiro. O projeto vitorioso deste concurso, porém, não foi executado da maneira como foi elaborado nem chegou a ser publicado.

A segunda declaração que Niemeyer atribuiu ao ex-presidente parece mais coisa de um político experiente e sedutor, características que se aplicam a Getúlio Vargas. O resultado do concurso foi divulgado em 1942; o Estado Novo só acabou em 1945. A história que Niemeyer contou sobre o encontro com Getúlio deixa a impressão de que a ditadura de Vargas terminou logo depois do concurso do Estádio Nacional. Não é verdade.

O parecer da comissão que deu a vitória ao projeto de Bastos e Carneiro e, ao mesmo tempo, declarou que todos os projetos eram de difícil execução, foi amplamente divulgado. A decisão de Capanema — pagar o prêmio sem, entretanto, se comprometer a realizar a obra vencedora — foi comunicada ao presidente, que não se opôs.

---

[7] Disponível em http://g1.globo.com/platb/geneton/tag/oscar-niemeyer-jk-darcy-ribeiro/, acesso em outubro de 2020.

Getúlio Vargas, mais fã de tacos, bolas pequenas e buracos que de futebol, parece ter feito uma gentileza a Niemeyer ao declarar ao arquiteto que só não fez o estádio projetado por ele porque saiu do poder. O fato é que Oscar Niemeyer fez praticamente de tudo na arquitetura. Seus traços ergueram, no mundo inteiro, universidades, parlamentos, igrejas, praças, avenidas de desfiles de escolas de samba, aeroportos, colégios, mesquitas, memoriais etc. Não ergueram, todavia, estádios de futebol. A considerar a avaliação feita pelo próprio gênio da arquitetura, com toda a justiça e para o bem do jogo.

A COPA VEM AÍ

QUANDO NOS ÚLTIMOS DIAS DO VERÃO EUROPEU de 1939 as tropas nazistas invadiram a Polônia e iniciaram um conflito que atingiria inédita escala planetária, ficou em evidência o menor dos problemas que o mundo poderia ter naquele momento: a Copa do Mundo de 1942 seria inviabilizada pelo quebra-pau. O couro comeu e, diante do cheiro de pólvora e da ameaça nazista à França, Jules Rimet, presidente da Fifa, transferiu a sede da entidade para Zurique, sentindo-se seguro em virtude da neutralidade suíça. A Fifa está no país até hoje, protegida, cá pra nós, por suas regras bancárias.

Passado o horror da guerra, e com a derrota do nazifascismo, a entidade realizou um congresso em Luxemburgo, em 1946, para definir o que fazer. Os 34 países participantes do encontro decidiram retomar as Copas do Mundo. Nenhum país europeu apresentou disposição para sediar a competição em meio aos escombros e ao esforço de reconstrução do continente arrasado pela guerra.

O Brasil se apresentou como candidato único para sediar o evento, que deveria ocorrer em 1949. Com o argumento de evitar prejuízos com poucos jogos, a CBD sugeriu que o regulamento do torneio não fosse como os de 1934 e 1938, em que todos os jogos eram eliminatórios. A sugestão brasileira era a de que o certame se estruturasse a partir da divisão das seleções participantes em grupos. Em 1948, no encontro que a Fifa promoveu durante as Olimpíadas de Londres, a proposta do Brasil sobre a divisão em grupos foi aceita e a Copa do Mundo, inicialmente prevista para o ano de 1949, foi adiada para o ano seguinte.

A confirmação, em 1946, de que a próxima Copa do Mundo seria realizada no Brasil colocou lenha na fogueira do projeto que, há dez anos, vinha sendo discutido: o país e o Rio de Janeiro, Capital Federal, precisavam de um estádio imponente, público, capaz de sediar os jogos mais importantes do campeonato e, ao mesmo tempo, projetar para o mundo a imagem do país que se desenvolvia. Não seria o primeiro estádio público de grandes dimensões construído no Brasil. O Pacaembu, estádio municipal de São Paulo, já tinha sido inaugurado em 1940.

No mesmo ano, o primeiro do governo democraticamente eleito do Marechal Eurico Gaspar Dutra, foi promulgado, sob o efeito da confirmação de que o Brasil sediaria a Copa do Mundo, o Decreto-Lei N° 9912, de 17 de setembro, tratando da construção de praças desportivas em todo o país.

Dutra tinha sido ministro da Guerra do Estado Novo e agora era o presidente da redemocratização. Pegou o país com uma situação econômica relativamente estável em relação às reservas cambiais, mas queimou boa parte delas com importações de produtos norte-americanos, como sucatas de guerra e eletrodomésticos. No meio disso, proibiu os jogos de azar, evocando a "tradição moral, jurídica e religiosa" dos brasileiros, e declarando, para a incompreensão de muita gente, que proibia o jogo em virtude de um "imperativo da consciência universal".

Tragado pelo início da Guerra Fria, o governo de Dutra foi um aliado incondicional do Tio Sam: rompeu relações com os países do bloco socialista; colocou o Partido Comunista do Brasil na clandestinidade; cassou mandatos de parlamentares comunistas, como o senador Luís Carlos Prestes e os deputados Jorge Amado e Carlos Marighela; e aderiu ao Tratado Interamericano de Assistência Recíproca (Tiar), uma aliança militar entre os países da América sob a liderança dos Estados Unidos.

Acusado de não pensar no desenvolvimento do país, como fizera Getúlio Vargas, Dutra enfrentou a sombra do antecessor tentando colocar em prática o Plano Salte (saúde, alimentação, transporte e energia). O plano rendeu até um samba de enredo da Mangueira[8], mas apresentou poucos resultados. A construção de um estádio de grande porte no Rio de Janeiro, ainda que a cargo da municipalidade, poderia ao menos amenizar a sensação de que Dutra não teria sido capaz de dar continuidade ao surto de crescimento econômico do Estado Novo.

Dutra também foi alvo de chistes e piadas inclementes de seus opositores, em virtude de supostas dificuldades cognitivas. A piada mais frequente se referia a um suposto encontro entre o presidente do Brasil e o presidente dos Estados Unidos, Harry Truman. O norte-americano teria cumprimentado o brasileiro com a frase *"How do you do, Dutra?"*, e Dutra teria respondido algo como *"How tru you tru, Truman?"*.

Piadas à parte, o projeto de construção do estádio na Capital Federal teria que sair do papel, mas parecia longe de estar resolvido. Hildebrando de Araújo Góes, o prefeito do Rio de Janeiro no início do governo Dutra, tinha participado do júri que analisou os projetos para a construção do Estádio Nacional. Para ele, seria praticamente impossível construir o estádio no tempo previsto. A solução mais plausível seria a reforma do estádio de São Januário, campo do Vasco da Gama,

---

[8] A Mangueira desfilou em 1950 com o enredo "Plano Salte". O samba é de Nelson Sargento e Alfredo Português, é bem curto e traz curiosa referência a Oswaldo Cruz, que não tem qualquer relação com o plano do governo Dutra: "O povo deste Brasil querido / Se acha enriquecido / Com o Plano Salte / Lembrando o doutor Oswaldo Cruz / Que da ciência, foi a luz / Um valoroso baluarte". A escola foi campeã do carnaval.

para a Copa do Mundo. A ideia não parecia absurda, afinal o estádio era o segundo maior do Brasil — havia perdido o primeiro lugar em 1940, com a inauguração do Pacaembu.

No início das atividades de futebol como clube da colônia portuguesa fundado para a prática do remo, o Vasco usou como estádio, por pouco tempo, o campo do Andaraí, que depois se tornou campo do América Futebol Clube. Desde a ida para a primeira divisão carioca, em 1923, os vascaínos já pensavam na construção de um estádio próprio. O projeto foi levado adiante após a criação da Amea (Associação Metropolitana de Esportes Amadores). Um dos motivos levantados para a não inclusão do Vasco na nova liga — em uma história que envolve as polêmicas do profissionalismo e do racismo no futebol — foi a falta de um estádio próprio. Por este motivo, o Vasco começou a erguer São Januário a partir de uma campanha de arrecadação de verbas que mobilizou a comunidade portuguesa do Rio de Janeiro.

No dia 28 de março de 1925, o Vasco assinou uma escritura de compromisso de compra e venda de um terreno de 65.445 m² em São Cristóvão, da Sociedade Anonyma Lameiro, no valor de 609:895$000 (seiscentos e nove contos e oitocentos e noventa e cinco mil réis), obtidos através de arrecadação popular. Posteriormente, foram arrecadados cerca de 2.000:000$000 (dois mil contos de réis) para poder construir o estádio. Ao ser inaugurado, em 21 de abril de 1927, com a presença do presidente Washington Luís, São Januário se tornou o maior estádio de futebol do continente americano. Manteve essa posição até 1930, quando foi inaugurado o Estádio Centenário em Montevidéu, para a primeira Copa do Mundo. Apesar de ter perdido o posto de maior estádio do país em 1940, só deixou de ser o maior estádio do Rio de Janeiro em 1950, com a inauguração do Maracanã. Permanece como o maior estádio particular do estado no século XXI.

A opção do prefeito por São Januário, todavia, não vingou. Houve ressalvas sobre a localização do estádio e a utilização de verbas públicas para a reforma de um estádio privado. Por questões que envolveram a política partidária do período de redemocratização após o Estado Novo, Hildebrando de Góes foi exonerado da prefeitura[9]. Em seu lugar foi nomeado o general Ângelo Mendes de Moraes. Ao assumir o cargo, Mendes de Moraes anunciou a opção pela construção de um estádio novinho em folha e pertencente ao município. No dia 30 de junho de 1947, o prefeito nomeou uma comissão para a escolha do projeto definitivo do estádio.

O time escalado por Mendes de Moraes era formado por uma turma da pesada: o arquiteto Firmino Fernandes Saldanha; o presidente da CBD, Rivadávia Correia Meyer; o subprocurador geral da República, Luiz Galloti; o diretor do Departamento de Urbanismo Municipal, José Oliveira Reis; o superintendente de financiamento urbanístico da Secretaria Geral de Finanças do Distrito Federal, João Gualberto Marques Porto; e o jornalista Mário Filho.

A comissão decidiu que o novo estádio deveria ser construído em um complexo esportivo que incluiria piscina, quadras de basquete e voleibol, estádios de atletismo, quadras de tênis e ginásio. Resolveu ainda que o estádio deveria ter a forma de falsa elipse e ser fechado. O deslocamento do público deveria ocorrer através de rampas, as arquibancadas seriam em parábola e a construção deveria ocupar o lado norte do terreno do Derby, em virtude da proximidade maior com os trens da Central do Brasil. Isso facilitaria a entrada e a saída dos torcedores. Ela analisou ainda três projetos de estádio previamente selecionados por outras duas comissões, formadas no mesmo ano de 1947, comandadas por João Lyra Filho. A quantidade de comissões envolvidas na construção do Maracanã beira o inacreditável, com comissões formadas

---

[9] A escolha do prefeito do Distrito Federal era atribuição da Presidência da República.

para analisar pareceres de outras.

As comissões de Lyra Filho selecionaram três projetos: o de Rafael Galvão; o de Orlando Azevedo, que tentou fazer uma readaptação do projeto baseado no Fórum Mussolini; e o de Bastos e Carneiro, vitorioso no já mencionado concurso de 1942. A análise dos projetos concluiu que nenhum deles sozinho seria capaz de contemplar os objetivos traçados. Em ofício enviado aos envolvidos, Marques Porto, na condição de superintendente de assuntos urbanísticos, sugeriu que os concorrentes trabalhassem em conjunto (Vieira, 2000, p. 24). Assim foi feito.

O Maracanã, a rigor, será o resultado da junção de projetos distintos, com influência maior do projeto de Bastos e Carneiro. Em breve começaria a obra que, do ponto de vista da arquitetura e da engenharia, é quase um milagre de diversos santos e orixás.

ARY VERSUS LACERDA: O MARACA NA CÂMARA

ARY BARROSO JÁ ERA UM ARTISTA CONSAGRADO quando resolveu entrar para a política. Nascido em Ubá, Minas Gerais, em 1903, Ary radicou-se no Rio de Janeiro em 1921 para estudar direito. Formou-se aos trancos e barrancos, depois de nove anos de curso, enquanto ganhava a vida como pianista de sala de espera de cinema, músico de *jazz band*, dirigente de orquestra e compositor de mão cheia.

O samba carro-chefe de Ary, "Aquarela do Brasil", foi composto em 1939. Gravada por Francisco Alves, com arranjos de Radamés Gnattali, e por Aracy Cortes, a canção a princípio não decolou. Em 1942, todavia, entrou para a trilha sonora do filme de animação de Walt Disney "Alô Amigos", na interpretação de Aloysio de Oliveira. "Aquarela do Brasil" explodiu ao embalar as aventuras do papagaio Zé Carioca em suas tentativas de ensinar o cintura dura do Pato Donald a sambar.

Além de compositor de dezenas de sucessos, Ary foi também locutor de futebol, conhecido pela descarada paixão pelo Flamengo. Foi ainda apresentador do programa "A Hora do Calouro", que estreou em 1943 na Rádio Cruzeiro do Sul. Com esse currículo, aceitou o convite para entrar na política e se candidatou à Câmara de Vereadores do Rio de

Janeiro pela União Democrática Nacional (UDN) em 1946. Elegeu-se como o segundo vereador mais votado da cidade.

Como vereador, Ary foi bastante ativo. Não levava desaforo pra casa e não fugia de charivaris. Propôs a coleta seletiva de lixo, tentou criar um órgão de defesa civil, elaborou um projeto que parcelava as dívidas dos contribuintes municipais em dez parcelas e defendeu os direitos autorais dos compositores brasileiros. Mas sua atuação mais marcante na Câmara Municipal foi na ardente defesa da construção do estádio de futebol na região do Maracanã para a Copa do Mundo de 1950[10].

O mais ferrenho oponente de Ary na questão do estádio foi Carlos Frederico Werneck de Lacerda, vereador pela mesma União Democrática Nacional. Nascido em 1914 na cidade de Vassouras, no Vale do Paraíba Fluminense, Carlos era filho de Maurício de Lacerda, um comunista militante, e de Olga Werneck, descendente de barões do Império, donos de terras e escravos na região cafeeira do Rio de Janeiro.

Carlos Frederico recebeu o nome em homenagem a Karl Marx e Friedrich Engels. Também se formou em direito, militou nas fileiras do Partido Comunista, escreveu um livro juvenil e vigoroso sobre a desconhecida história do quilombo de Manuel Congo e, em 1934, leu o manifesto oficial de lançamento da Aliança Nacional Libertadora, uma frente antifascista e contrária a Getúlio Vargas vinculada ao Partido Comunista do Brasil. Era descrito por companheiros do partido como um comunista inflexível e radical. Vermelho até a alma.

Acontece que de fervoroso comunista, Carlos Lacerda transformou-se em anticomunista arraigado, anunciando o rompimento

---

[10] A referência fundamental e pioneira nos estudos sobre o Maracanã e os debates que cercaram a construção do estádio é a obra de Gisella Moura, historiadora carioca, largamente consultada para este trabalho. Ver: Moura, Gisella. O Rio corre para o Maracanã. Rio de Janeiro: FGV, 1998.

com o partido em 1939. Virou um conservador declarado e teve longa trajetória política como inimigo do comunismo e do trabalhismo de Getúlio Vargas[11].

Naquele ano de 1947, como vereador, Lacerda foi implacável opositor da construção do estádio municipal de futebol no Maracanã e defendeu abertamente que o estádio fosse erguido na Baixada de Jacarepaguá, com ações leiloadas nos moldes das sociedades anônimas. Realizou discursos iracundos contra a obra na região tijucana, fez requerimentos cobrando detalhes sobre a antiga permuta de terreno com o Jóquei, exigiu sabatinar o secretário de finanças João Lyra Filho, cobrou planilhas de gastos, questionou a desapropriação de imóveis. Excelente orador, fato reconhecido até por quem adoraria beber o sangue de sua jugular em taça de cristal, Lacerda pronunciou formidáveis petardos contra o estádio. Todos devidamente rebatidos por Ary Barroso (Vieira, 2000, p. 25).

Na briga entre os dois, Ary atacou a ideia de Lacerda de erguer o estádio em Jacarepaguá. Para isso, fez até um melodramático discurso desancando a região. Ary anunciou na câmara que Jacarepaguá era uma espécie de selva tropical perigosíssima, com um festival de focos

---

[11] Foi protagonista, em 1954, da crise que levou Getúlio ao suicídio, ao ser ferido em uma tocaia na Rua Tonelero, em Copacabana, que vitimou o Major da Aeronáutica Rubem Vaz. O atentado foi supostamente tramado por Gregório Fortunato, chefe da guarda pessoal do presidente da República. Lacerda vinha chamando Getúlio de corrupto e denunciando nas páginas de seu jornal, a Tribuna da Imprensa, supostos desvios de verba do governo para o jornal getulista Última Hora, de Samuel Wainer.
Depois de vereador, Carlos Lacerda foi deputado federal (1955-1960) e governador do Estado da Guanabara (1961-1965). Acabou cassado pelo golpe de Estado de 1964; o mesmo que a princípio apoiou com entusiasmo. Preso pelo regime militar, Lacerda entrou em greve de fome na cadeia para denunciar o arbítrio. Ao saber que a censura aos meios de comunicação fez a sua greve ser ignorada pela população, reavaliou a estratégia e voltou a comer.

de malária. Além disso, declarou que Lacerda estava querendo inviabilizar a Copa do Mundo, já que seria impossível construir um novo ramal ferroviário em direção a Jacarepaguá — uma selva, insistia Ary — antes do torneio.

O tiroteio verbal entre Ary Barroso e Carlos Lacerda, que aproveitava a briga para atacar o prefeito Mendes de Moraes, fez com que pesquisas sobre o local da construção do estádio fossem realizadas. O Instituto Gallup concluiu que 59% da população eram a favor do estádio no Maracanã. Ary Barroso achou pouco e resolveu encomendar do próprio bolso uma pesquisa ao Ibope: 95% dos fãs de futebol queriam o estádio no Maracanã; mesmo desejo de 79,2% dos entrevistados em geral.

Na briga pela construção do estádio, Ary Barroso contou com um aliado de primeira hora; um sujeito que abraçou a ideia do Maracanã com o fervor de um profeta mirando a terra prometida: Mário Filho.

A CANETA DE MÁRIO

NASCIDO NO RECIFE, Pernambuco, em 1908, filho do jornalista Mário Rodrigues e de Maria Ester, Mário Filho chegou jovem ao Rio de Janeiro, acompanhando os pais. Aos dezoito anos deu os primeiros passos no jornalismo, trabalhando no jornal A Manhã, de propriedade do pai.

Envolvido em diversas barafundas políticas da Primeira República, dono de textos virulentos que atacavam impiedosamente inimigos, Mário Rodrigues, o pai, perdeu A Manhã, envolvido em dívidas e processos. Fundou então outro jornal, Crítica, em 1928. O dinheiro que bancou a nova aventura jornalística veio de Fernando de Melo Viana, vice-presidente da República, em troca do apoio do jornal ao governo de Washington Luís. Com escrita extremamente agressiva, Mário Rodrigues admitiu que brincava com o fogo: "Um dia alguém de Crítica ainda levará um tiro"[12].

Em 26 de dezembro de 1929, a seção policial da Crítica publicou uma reportagem intitulada "Um rumoroso caso de desquite". Numa época em que as separações conjugais eram raras e pessimamente

---

[12] Para a história da família Rodrigues, do Recife ao Rio de Janeiro, ver: Castro, Rui. O anjo pornográfico. São Paulo: Cia. das Letras, 1992.

encaradas, o jornal noticiou, com ares de escândalo, o divórcio entre Sylvia Serafim e João Thibau Jr. Indignada, Sylvia comprou um revólver e entrou na redação para matar Mário Rodrigues. Foi atendida pelo talentoso desenhista Roberto, filho de Mário. Roberto avisou que o pai não estava. Sylvia, disposta a se vingar, atirou no rapaz, que morreu três dias depois.

Mário Rodrigues, arrasado, morreu pouco tempo depois do assassinato de Roberto. A assassina acabaria absolvida. O jornal Crítica foi empastelado durante o movimento que levou Getúlio Vargas ao poder, em 1930. Mário Filho, com pouco mais de vinte anos, assumiu a liderança da extensa família após a morte do patriarca e continuou no jornalismo. Para isso, resolveu investir em um estilo muito distante daquele do pai. Saíram os crimes e os quiproquós da política e entraram em campo o futebol e o samba.

Em 1931, o jornalista criou o Mundo Sportivo, primeiro jornal brasileiro dedicado ao esporte. De curta duração, a publicação cobriu o Campeonato Carioca de Futebol e ainda patrocinou, em 1932, o primeiro desfile das escolas de samba em cortejo. Mário Filho achava que as agremiações carnavalescas tinham que ocupar um espaço na construção da identidade brasileira similar ao do futebol.

Para entender a perspectiva dele sobre as escolas de samba, é necessário considerar que a década de 1920 no Rio de Janeiro foi marcada por um dilema que envolveu as camadas populares urbanas — especialmente as comunidades afrodescendentes — e o Estado republicano. Os negros buscavam pavimentar caminhos de aceitação social, enquanto o Estado procurava disciplinar as manifestações culturais das camadas populares; estratégia considerada eficiente para controlá-las. Da interação entre o interesse regulador do Estado e o desejo de aceitação social das camadas populares urbanas do Rio de Janeiro surgirão as primeiras escolas de samba (Simas & Fabato, 2015). Em

1930, cinco agremiações se definiam como escolas de samba: Estação Primeira de Mangueira, Oswaldo Cruz, Vizinha Faladeira, Para o Ano Sai Melhor (do bairro do Estácio) e Cada Ano Sai Melhor (do Morro de São Carlos)[13].

Sobre a Mangueira, agremiação do morro colado ao Maracanã, Cartola, torcedor do Fluminense e um de seus fundadores, afirmava que a escola de samba tinha sido criada no dia 28 de abril de 1928. As cores escolhidas por ele, verde e rosa, foram inspiradas nas do rancho Arrepiados, agremiação do bairro de Laranjeiras. O rancho tinha como um de seus membros o pai do sambista, Sebastião de Oliveira. O jornalista Sérgio Cabral encontrou, entre os pertences do radialista Almirante, um papel timbrado que afirmava ter a Mangueira sido criada em 28 de abril de 1929; um ano depois, portanto, da data apontada por Cartola.

A despeito da polêmica sobre a data da fundação, o que se sabe é que a ocupação do Morro da Mangueira, datada do final do século XIX, acelerou-se no início da década de 1920, com a chegada de muitos moradores removidos do Morro do Castelo, que tinha acabado de ser arrasado no Centro do Rio. A tradição dos batuques afro-brasileiros era muito forte desde os primórdios da ocupação do morro. Uma das principais lideranças da Mangueira naqueles tempos em que a escola começou a ser gestada foi Tia Fé, respeitada mãe de santo e matriarca do

---

[13] As agremiações pioneiras se formam a partir do cruzamento entre diversas referências: a herança festiva dos cortejos processionais, a tradição carnavalesca dos ranchos, blocos e cordões e os sons das macumbas, batuques e sambas cariocas. Consagrou-se a versão de que a utilização do termo 'escola de samba' teria sido uma invenção de Ismael Silva, inspirado na escola de formação de normalistas que funcionava no Estácio, para designar a Deixa Falar, agremiação sediada no bairro. A versão é de difícil aceitação. É mais provável que a forma como o famoso rancho Ameno Resedá era conhecido tenha inspirado a denominação que os sambistas usaram para as novas agremiações carnavalescas que surgiam: Rancho Escola.

samba. A escola de samba foi resultado da união de sambistas oriundos do Bloco dos Arengueiros e do Rancho Príncipe da Floresta. Por ser na época a parada da Mangueira a primeira estação da linha do trem, tendo como referência a gare D. Pedro II, a agremiação acabou incorporando o 'Estação Primeira' ao seu nome.

No final da década de 1920, o alufá (sacerdote de um culto que misturava o islamismo à devoção aos orixás iorubanos) José Espinguela organizou as duas primeiras disputas entre sambistas das escolas que surgiam. Não foi ainda um desfile em cortejo: o concurso de Espinguela visava julgar apenas os sambas que os compositores das escolas faziam[14].

A festa patrocinada em 1932 pelo jornal Mundo Sportivo contou com a participação de dezenove agremiações, que desfilaram frente a um coreto montado na Praça Onze de Junho. Ao promover o concurso, Mário Filho acertava dois coelhos com apenas uma cajadada: mantinha o jornal ativo durante o recesso de verão do futebol e ainda o divulgava. A popularização do futebol e do carnaval, em sua visão, faria deles os dois elementos mais emblemáticos da cultura popular brasileira.

O júri do primeiro concurso — formado por Álvaro Moreira, Eugênia Moreira, Orestes Barbosa, Raimundo Magalhães Júnior, José Lira, Fernando Costa e J. Reis — premiou quatro escolas: Mangueira, Vai Como Pode (novo nome adotado pela Oswaldo Cruz, antes de virar Portela), Para o Ano Sai Melhor e Unidos da Tijuca. As agremiações não tinham, segundo o regulamento, nenhuma obrigação de apresentar sambas relacionados a um enredo. Cada escola poderia apresentar até três sambas, com temática livre. A vitoriosa Mangueira

---

[14] Em seus estudos sobre o samba, Lira Neto encontrou as referências sobre a realização de dois concursos organizados por Espinguela, e não apenas um, como se cristalizou em certa historiografia. Ver: Neto, Lira. Uma História do Samba: as origens. São Paulo: Cia. das Letras, 2017.

cantou dois sambas: "Pudesse Meu Ideal", de Cartola e do torcedor do São Cristóvão Carlos Cachaça; e "Sorri", de Gradim.

Poucos poderiam supor — como fez Mário Filho — que naquele início de década de 1930 estava sendo gestado o evento que acabaria se consagrando como um dos maiores conjuntos de manifestações artísticas simultâneas do planeta: o desfile das escolas de samba cariocas.

Em 1936, depois de uma temporada no jornal O Globo e com fama de ser o papa da imprensa esportiva que surgia, Mário Filho recebeu a ajuda dos amigos Roberto Marinho, seu companheiro de sinuca, José Bastos Padilha e Arnaldo Guinle para comprar o Jornal dos Sports, que pertencia a Argemiro Bulcão. O jornal tinha sido fundado em 1931, pouco depois do Mundo Sportivo, por Bulcão e Ozéas Mota. A ideia original, de valorizar todos os tipos de esportes, estava expressa no logotipo, que unia praticantes de futebol, remo, tênis, boxe, hipismo, golfe, modalidades de atletismo e natação. O jornal era impresso em preto e branco, com quatro páginas por edição. Em 23 de março de 1936, o jornal foi impresso em cor de rosa pela primeira vez, como o francês L´Auto e o italiano La Gazzeta dello Sport. Em outubro, passou às mãos de Mário Filho.

Mário introduziu tiras e quadrinhos como forma de ilustrar a participação dos clubes no Campeonato Carioca de Futebol. O jornal começou a noticiar temas trazidos pela adoção do profissionalismo, como a contratação de jogadores, salários e valores dos passes. Durante a Segunda Guerra Mundial, o Jornal dos Sports embarcou na onda nacionalista com artigos de Mário Filho em que os jogadores eram comparados aos soldados da Força Expedicionária Brasileira que conquistaram o Monte Castelo.

Durante os acalorados debates sobre a construção do estádio que sediaria os jogos da Copa do Mundo de 1950, no Rio de Janeiro, Mário foi um entusiasmado defensor da ideia de o erguer no Maracanã.

Combatendo os petardos de Carlos Lacerda contra a obra, o jornalista insistiu na ideia de que um estádio novo, com capacidade para, pelo menos, 150 mil pessoas, deveria ser construído numa região central da cidade. Para reforçar a luta pelo Maracanã, criou no Jornal dos Sports a coluna "A batalha pelo estádio". Nela, acusou os detratores do estádio de inimigos do esporte e insistiu em uma construção que incluísse o que chamava de "grandes massas": pobres, ricos, brancos, pretos, mestiços, homens, mulheres e crianças.

É curioso como o discurso de Mário Filho lembra o do Caboclo das Sete Encruzilhadas na anunciação da umbanda. Aqui cabe todo mundo! Frequentemente, o jornalista falava de nacionalismo e do orgulho de ser brasileiro e morador do Rio de Janeiro. Grande estimulador do esporte de massa, criou os Jogos da Primavera (1947), os Jogos Infantis (1951), os torneios de peladas no Aterro do Flamengo e o Torneio Rio-São Paulo de futebol. Seu irmão mais famoso, o dramaturgo Nelson Rodrigues, chegou a chamá-lo de "inventor das multidões".

Ninguém insistiu como ele na ideia de um estádio que representasse a comunidade imaginada como nação brasileira. Mário Filho via o Maracanã como uma espécie de coroamento da popularização do futebol no Brasil e da nossa forma capoeirizada de jogar bola. No frigir dos ovos, sua caneta incansável foi importantíssima para que a ideia da construção de um estádio monumental no Maracanã, conforme defendia Ary Barroso, fosse aprovada na Câmara Municipal. A tarefa passava a ser tirar o estádio do papel a tempo do primeiro jogo da Copa do Mundo.

RICARDO BELIEL

3

ABRINDO A GIRA

DO PONTO DE VISTA SIMBÓLICO, as obras do Maracanã foram iniciadas com o lançamento da pedra fundamental do estádio pelo prefeito Mendes de Moraes. A cerimônia ocorreu no Dia de São Sebastião, padroeiro da cidade do Rio de Janeiro: 20 de janeiro de 1948. Na ocasião, foi anunciado que o estádio teria capacidade para 155.250 pessoas, com 30 mil cadeiras cativas, 250 camarotes de 5 lugares, 93 mil lugares com assento, 31 mil lugares em pé, 500 lugares na tribuna de honra, 20 cabines de imprensa e rádio, 32 banheiros e 32 bares. A obra seria equivalente à construção de 43 edifícios de oito pavimentos[15].

Impressiona na construção o fato de que simplesmente não havia plantas detalhadas capazes de facilitar a obra. Tendo apenas o projeto de arquitetura, que previa um estádio com o formato de falsa elipse, fechado, com rampas para o deslocamento do público e arquibancadas em parábola, os engenheiros calcularam tudo na base do lápis. Segundo Sérgio Marques de Souza, um dos calculistas do projeto, a solução foi fazer as previsões da forma mais exagerada possível (Vieira, 2000, p. 26).

No dia 2 de agosto de 1948, com a instalação de sapatas octogonais sobre blocos de concreto, a partir de 28 sondagens que indicaram as fundações diretas, a obra de fato começou. Um mergulho nos jornais da época permite chegar a uma conclusão: havia uma espécie de unanimidade em relação ao estádio. Os otimistas tinham certeza de que ele não ficaria pronto a tempo de sediar a abertura da Copa do Mundo. Os pessimistas não apenas achavam isso, mas apostavam na queda do estádio durante as obras, com consequências apocalípticas.

O único otimista era mesmo Mário Filho. O jornalista inflamava o leitor com as "dimensões ciclópicas" do estádio, apostava na "capacidade realizadora do brasileiro" e demonstrava convicção de que o estádio formaria fileiras ao lado do Pão de Açúcar e do Cristo Redentor

---

[15] O Globo, edição de 19/01/1948.

como cartão-postal da cidade. Os amigos o acusavam de sonhador; os inimigos, de delirante.

Já o prefeito Mendes de Moraes era descrito ora como megalomaníaco, ora como maluco. Até mesmo Ary Barroso, defensor do estádio no Maracanã, subiu à tribuna da Câmara Municipal em agosto de 1949 para denunciar, em seu estilo apoplético, que o estádio, a menos de um ano da Copa do Mundo, parecia um conjunto horrendo de armações de madeira.

O jornalista Renato Sérgio destaca, como uma espécie de símbolo da improvisação das obras, a figura de um operário flagrado por jornalistas com uma foice na mão. Perguntado sobre a utilidade da foice, o trabalhador respondeu: "Me deram isso para cavar buracos". A coisa não tinha como funcionar (Renato Sérgio, 2000, p. 56). Lembrando-se da obra muitos anos depois, o segurança Isaías Ambrósio, funcionário do canteiro de obras, relatou ter presenciado um operário que se desequilibrou ao tentar virar um carrinho e caiu dentro de uma coluna do estádio. Logo depois, toneladas de concreto soterraram o rapaz.

O cotidiano no canteiro de obras incluía jogos de futebol, com peladas entre os times dos doze alojamentos de operários no fim da tarde. O cardápio das refeições não mudava nunca: carne-seca com ensopado de batata, arroz, feijão, farinha e suco de groselha. Os trabalhos, com turnos, cobriam as 24 horas do dia. Ganhando pouco — o salário de 32 a 40 cruzeiros por dia era menor que a remuneração média de um trabalhador da construção civil à época —, os trabalhadores tiravam as raras folgas de fins de semana para frequentar o Mangue, onde se localizava a zona do meretrício popular.

Isaías ainda declarou em algumas entrevistas que assombrações rondaram as obras o tempo todo. O caso mais notório foi o de um grupo de fantasmas de padres jesuítas — aquelas terras, afinal, tinham pertencido à Companhia de Jesus — que de vez em quando cantavam e dançavam com a maior alegria em torno de uma pilastra da rampa de entrada do estádio. Subitamente, os padres serelepes sumiam.

O MARACANÃ E O ESQUELETO

NA DÉCADA DE 1930, no local onde hoje está erguido o pavilhão da Universidade do Estado do Rio de Janeiro (Uerj), começou a ser construído o prédio do Hospital das Clínicas da Universidade do Brasil. O projeto desandou e o que restou da obra foi o esqueleto incompleto do edifício.

Durante a construção do Estádio do Maracanã, o terreno onde ficava o esqueleto do hospital foi ocupado. Operários que não conseguiram vaga nos alojamentos do canteiro de obras começaram a usar entulhos e o madeiramento da obra para construir barracos próximos ao trabalho. Em pouco tempo a ocupação se estendeu até as margens do rio Joana, onde incontáveis casebres foram erguidos sobre palafitas. O edifício inacabado do hospital também serviu de moradia popular. A Favela do Esqueleto, conforme a ocupação passou a ser chamada pelos próprios moradores, se transformou rapidamente em uma das maiores da cidade, praticamente se juntando ao vizinho Morro da Mangueira.

No início da década de 1960, o governador da Guanabara, Carlos Lacerda, iniciou um programa de remoção de favelas e expulsão dos moradores. Além do Esqueleto, foram expulsas no mesmo contexto comunidades como as de Maria Angu, na Zona da Leopoldina, e do Morro do Pasmado, em Botafogo. A maior parte dos moradores do Esqueleto foi violentamente deslocada para a recém-criada Vila Kennedy, em Bangu. A comunidade foi erguida com o auxílio de capital norte-americano do plano da Aliança para o Progresso, que visava estreitar os laços dos EUA com a América Latina nos tempos da Guerra Fria. É por isso que na praça principal da Vila Kennedy há uma réplica da Estátua da Liberdade.

Diversos moradores do Esqueleto frequentavam a quadra da Estação Primeira de Mangueira e desfilavam na escola. Muitos eram ritmistas da bateria. Quando houve a remoção, a dispersão da comunidade foi respondida com novas estratégias de aglutinação e sociabilidade. Uma delas foi a criação do bloco carnavalesco Unidos da Vila Kennedy, que posteriormente virou escola de samba. Para lá se mudaram muitos operários que haviam trabalhado na construção do Maracanã. Diversos eram ritmistas da Mangueira. É por isso que a bateria da Unidos da Vila Kennedy, tal como a da Estação Primeira, se caracteriza pelo peculiar Surdo Um, aquele que bate seco, sem esperar a resposta.

A MARQUISE DO MAMUTE

O ERGUIMENTO DA MARQUISE é certamente o detalhe mais surpreendente das obras do estádio, com lances verdadeiramente espetaculares. A marquise foi toda construída de cimento armado, com a carga amarrada e projetada para trás, no arco do contorno arquitetônico. Os tirantes puxavam o peso através das superfícies côncavas das extremidades superiores da obra, projetando o peso em colunas, para baixo e para frente. A modelagem do concreto da cobertura foi inteiramente feita com formas de madeira. Quando as escoras fossem retiradas, a expectativa otimista era que a laje se acomodaria, com um caimento suficiente para facilitar o escoamento da água da chuva. A expectativa pessimista era a de que, com a retirada das escoras, a marquise desabasse.

Tudo correu tranquilamente na instalação da cobertura até surgir um problema com a marquise das tribunas. A obra atrasou e o coronel Herculano Gomes, responsável pela execução, apelou para o uso de uma resina especial. Com pouquíssimo tempo para entregar o estádio, e as desconfianças cada vez mais crescentes de que ele não ficaria pronto para a Copa do Mundo, o coronel resolveu arriscar tudo: as escoras e as formas de madeira seriam retiradas de uma vez só. A decisão contrariava os engenheiros, que consideravam a retirada de uma só vez mais uma insanidade no processo de construção do estádio. Eles sugeriam a retirada gradual, para garantir o acomodamento da laje.

Para demonstrar confiança no que estava fazendo, o coronel resolveu ficar sobre a marquise na hora da retirada, na condição de cobaia humana. Se a marquise desabasse, ele cairia junto e morreria. Simples assim. Não houve quem demovesse o coronel, irredutível em colocar a própria vida em xeque. Um tanque da Segunda Guerra Mundial foi convocado para ficar dando voltas na geral, puxando o escoramento com um cabo de aço. Uma ambulância ficou de prontidão, caso a marquise desabasse com o coronel Herculano. O madeiramento caiu todo de uma vez nas arquibancadas. A marquise ficou de pé, com o coronel, um sobrevivente, dando pulos de alegria. Ela foi inaugurada crua, sem o reboco. O madeiramento usado na construção foi parar nas palafitas da Favela do Esqueleto, que continuava crescendo.

Na fase final das obras, o estádio foi visitado pelo jornalista sueco Torsten Tegner, encarregado de reportar o que vira à Europa. O jornalista foi ciceroneado por Mário Filho, naquela altura já apelidado de "namorado do Estádio Municipal". Tegner ficou absolutamente impressionado com a marquise e interessado na grama do estádio, que não parecia a grama inglesa, de uso corrente nos gramados europeus. Um dos engenheiros responsáveis pela obra esclareceu aos jornalistas a opção pelo capim de burro: "O engenheiro Schimidt esclarece que a grama inglesa tornaria o terreno demasiado fofo, prejudicando o deslize das bolas rasteiras e amortecendo a elasticidade do *kick*. Eis porque foi plantado o capim de burro, como se diz na gíria, ou a grama da Jamaica"[16].

No livro de visitantes do Maracanã, ainda se lê o que escreveu depois da visita o jornalista sueco: "Espero que o sucesso esportivo e moral desse estádio seja tão espantoso como o mamute da construção e tão fascinante como o ideal nacional que tornou possível realizar o maior estádio do mundo".

---

[16] O Globo, edição de 18/11/1949.

A INAUGURAÇÃO NA BASE DO "VAI DA VALSA"

NO INÍCIO DE 1950, enquanto as obras do estádio prosseguiam na base da correria, o jornalista Sérgio Porto iniciava, aos 27 anos, a sua trajetória na imprensa carioca. Porto escrevia sobre rigorosamente tudo para diversas publicações, como as revistas Sombra e Manchete e os jornais Última Hora e Diário Carioca.

O ano começou propício para sua pena afiada. A rivalidade entre Marlene e Emilinha Borba, por exemplo, tinha acabado de explodir, em virtude da eleição da Rainha do Rádio de 1949. O concurso era organizado pela Associação Brasileira de Rádio e baseava-se em um critério simples: os votos eram vendidos, com a renda destinada para a construção de um hospital para artistas.

Marlene venceu o concurso com apoio da Companhia Antarctica Paulista, interessada em usar a imagem da Rainha do Rádio para o lançamento de um novo produto, o Guaraná Caçula. A empresa deu a Marlene um cheque em branco, para que ela mesma pudesse comprar os votos necessários para sua vitória. Acabou eleita com 529.982 votos, superando Ademilde Fonseca e a favorita absoluta Emilinha Borba.

Marlene era também namorada do apresentador Manoel Barcelos, presidente da ABR, a empresa promotora do concurso. Assim explodiu a rivalidade entre as fãs de Marlene e Emilinha; a rusga marqueteira que estimulou a popularidade de ambas pelo país. Em 1950, ano da Copa do Mundo, a vascaína Marlene, que dizia torcer para o time da cruz de malta por causa do centroavante Ademir, conquistou o bicampeonato. A botafoguense Emilinha Borba só foi vencer o concurso na disputa de 1953[17].

Enquanto os fãs de Marlene e Emilinha se estranhavam, a Arquidiocese do Rio de Janeiro, horrorizada com a depravação dos costumes cariocas, especialmente com o que a Cúria chamava de gente seminua nas praias, resolveu criar uma Liga da Decência. Getúlio Vargas estava em campanha para voltar à Presidência; Assis Chateaubriand se preparava para colocar no ar a TV Tupi de São Paulo, primeira emissora de TV da América do Sul e quarta do mundo.

O pernambucano Luiz Gonzaga, seguindo a sugestão do advogado cearense Armando Falcão (futuro Ministro da Justiça do governo Ernesto Geisel) e substituindo de vez o terno pelo gibão de vaqueiro e o chapéu de cangaceiro, bateu recordes de venda com as gravações de "Qui nem Jiló", com Humberto Teixeira, e "A Volta da Asa Branca", com Zé Dantas. Começou também a lavagem de roupa suja em público do casal Dalva de Oliveira e Herivelto Martins, com direito a denúncias de pugilato e troca de farpas musicais.

No meio de tudo isso, a pergunta não queria calar: o Estádio Municipal ficará pronto para a partida inaugural da Copa do Mundo de futebol? A aposta de Sérgio Porto vinha com o uso de uma expressão

---

[17] Revista do Rádio, edição de 25/11/1952. A matéria da revista prometia revelar os times de vários artistas.

carioquíssima: ficará pronto na base do "vai da valsa"[18]. Vai ficar pronto, mas sabe-se lá como. E foi exatamente assim.

Perto do jogo inaugural, marcado para o dia 16 de junho de 1950, a prefeitura divulgou os números da obra. Trabalharam incessantemente, na maior parte do tempo, cerca de 3.500 operários por dia. Na correria do fim da obra, esse número subiu para 11 mil. Foram usados aproximadamente 40 mil caminhões; 470 mil sacos de cimento (a imprensa anunciou que, empilhados, eles teriam o dobro da altura do Morro do Pão de Açúcar), 45.757 m^3 de areia; mais de dez milhões de quilos de ferro; 195 mil pregos; quase 40 milhões de m^3 de terra escavada para as fundações.

O estádio entregue ao público media 317 metros em seu eixo maior e 279 metros no menor. A altura de 32 metros equivalia à de um prédio de sete ou oito andares, e a maior distância entre o ponto de observação de um espectador e o centro do gramado era de 126 metros. Um fosso separava a geral do campo de jogo.

O material fornecido pela prefeitura e divulgado nos jornais anunciava que 155 mil pessoas poderiam ser acomodadas confortavelmente no estádio (coisa que os torcedores da geral logo perceberam se tratar de uma mentira cabeluda). Além disso, o já apelidado "Colosso do Derby" teria 240 bilheterias, 90 pontos de venda de varejo de cigarros, 58 bares, 45 *bombonières*, 98 banheiros e 15 guichês. Para completar o mamute, 220 refletores, 254 alto-falantes e uma estação de som de 4.000 watts.

As fotos da inauguração e dos jogos da Copa do Mundo não deixam a menor margem para a dúvida: o estádio não estava pronto. O jornalista

---

[18] No ano seguinte à Copa do Mundo, em 1951, Sérgio criou o personagem Stanislaw Ponte Preta, inspirado em Serafim Ponte Grande, personagem de Oswald de Andrade. Com ilustrações de Santa Rosa, as crônicas assinadas por Stanislaw acabaram popularizando de vez o "vai da valsa" que o cronista usou para se referir um ano antes ao Maracanã.

João Máximo, profundo conhecedor do Maracanã e referência para quem quer conhecer a história do estádio, era um garoto de Vila Isabel à época e esteve na inauguração. Máximo relembrou que o Maracanã ainda tinha andaimes nas arquibancadas e a marquise estava sem o reboco: "O estádio não estava totalmente construído, foi inaugurado com estruturas de madeira perto das marquises. Isso deu a impressão de uma coisa inacabada"[19].

O presidente da Fifa, Jules Rimet, presente no jogo de inauguração, se declarou impressionado com o espetáculo, mas lamentou que o madeiramento não tivesse sido retirado. O ar de incompletude das obras era evidente. Levados em consideração os acabamentos não realizados e as propostas do projeto, o Maracanã só foi concluído de fato quinze anos depois, em 1965.

---

[19] Entrevista concedida à BBC News/Brasil, publicada no dia 20/10/2011. Disponível em https://www.bbc.com/portuguese/noticias/2011/10/111020_maracana_copa_50_jc, acesso em outubro de 2020.

ROLA A BOLA

O ESTÁDIO DO MARACANÃ FOI OFICIALMENTE INAUGURADO no dia 16 de junho de 1950, em um evento com revoada de pombas brancas, exibição da Banda do Corpo de Bombeiros, benção do Cardeal D. Jayme de Barros Câmara, presença do presidente da República, Eurico Gaspar Dutra, e de Jules Rimet, e inauguração do busto do prefeito Mendes de Moraes pelo próprio prefeito Mendes de Moraes, que fez breve discurso se homenageando. O monumento ficava onde hoje está a popular estátua do Bellini.

A trilha sonora da inauguração foi a marcha "Fibra de Herói", música do maestro César Guerra-Peixe com letra do poeta Barros Filho, uma exortação nacionalista que fala em pátria em perigo, defesa da bandeira do Brasil, gente brava que enfrenta a morte, povo varonil etc. A maioria da imprensa embarcou no ufanismo de ver o maior estádio do mundo sendo inaugurado. A linha dos discursos exaltava o feito humano extraordinário, só comparável a obras portentosas de Deus e da natureza, como o Pão de Açúcar, a Baía de Guanabara e o Corcovado.

No dia seguinte, 17 de junho de 1950, aconteceu o primeiro jogo do estádio, com portões abertos. No Jornal dos Sports, Mário Filho, o "namorado do estádio", comparava a saída dos torcedores de todas as partes da cidade em direção ao Maracanã ao êxodo bíblico:

> Desde cedo, a romaria da população com destino ao Estádio Municipal emprestava à cidade aspecto fora do comum. De todos os bairros desciam verdadeiras massas humanas, dando impressão de que se tratava do Êxodo. E de fato era, rumo ao Maracanã, onde se ergue o colossal Estádio Municipal.[20]

A exortação de Mário Filho à ideia de um estádio que representasse a nação brasileira era constante: "(...) Cada um como entrando em sua casa. Depois de visto e revisto o Estádio, todos os cantos esmiuçados, o homem do povo, o operário, o estudante, o grã-fino — enfim, todos os setores da vida social de uma grande metrópole — demonstravam que tudo estava perfeito"[21].

A tônica dos discursos batia sempre na tecla de que o Maracanã era um "estádio para todas as classes". A manchete do Jornal dos Sports na edição que saudou a inauguração do estádio — "Gente de todas as classes afluiu à maior praça de esportes do mundo" — dava o mote de praticamente todas as publicações.

Começava a ser gestado ali o mito de origem do Maracanã como uma espécie de templo de um Brasil que se afirmava como um país cordial e realizador; a prova em concreto do mito da democracia racial brasileira e da mestiçagem como a solução para a questão da identidade nacional.

Ao mesmo tempo que esse discurso era produzido, qualquer análise menos apaixonada sobre o estádio perceberia que, entre o discurso e a realidade, o buraco era mais embaixo. A configuração espacial do Maracanã indicava isso: a geral era destinada aos mais pobres, que assistiriam às partidas de pé, com precária visão do campo, e não seriam

---

[20] Jornal dos Sports, edição de 18/06/1950.
[21] Idem.

protegidos de chuva, sol ou de qualquer coisa que fosse atirada da arquibancada, o setor com maior capacidade de público. As cadeiras especiais, cadeiras comuns e os camarotes, acessíveis apenas ao público de maior poder aquisitivo, acabavam revelando, mais que escondendo, as contradições do processo de formação social brasileiro. Era como se o Brasil gritasse na beira do campo: estamos juntos, no mesmo lugar, mas mantendo alguma distância.

Os melhores lugares do estádio foram negociados antes mesmo de ele ficar pronto. Em 1948, os rádios e jornais pediam uma "colaboração patriótica para construção do maior estádio do mundo". Para diminuir os custos da construção do Maracanã, o município colocou à venda os lugares mais confortáveis e com melhor visibilidade para particulares, alguns por cinco anos e outros de forma perpétua[22].

As notícias e artigos sobre a inauguração mostram que não havia ainda uma definição sobre o nome do estádio. Praticamente todos os jornais se referem a ele como "Estádio Municipal". No Jornal dos Sports, o jornalista Edgar Proença defendia que o general Mendes de Moraes, prefeito do Rio, fosse homenageado, dando o nome ao estádio, ancorado na ideia de que esse era o desejo do povo. Proença ainda reproduziu um diálogo que jurou ter presenciado entre dois populares, no dia da inauguração:

— Isto até parece um sonho!

— E quase não vingava...

---

[22] "Rebelião dos verdadeiros donos do Maracanã": a matéria publicada por Arturo Lazano no El País/Esportes, em 02/04/2017, fala sobre os proprietários de 2.976 cadeiras cativas que entraram na Justiça requerendo indenizações por não terem podido usá-las durante a Copa das Confederações, a Copa de 2014 e as Olimpíadas de 2016. O Estado prometeu indenizá-los. Até o momento, as ações das Copas continuam correndo no âmbito da Justiça. Disponível em https://brasil.elpais.com/brasil/2017/03/30/deportes/1490892941_68047.html, acesso em 18/11/2018.

— Lá isso é exato. E olha, se não fosse o homem...

— Realmente, se não fosse o general, a coisa ficava só no papel. Mas olha, esse prefeito tem aliança com o diabo. Quando ele diz que faz, faz mesmo.

— E faz logo bem feito. Os *estranjas* vão ficar abafados.

— Eu só não vou é com o nome. Essa história de municipal parece ser uma coisa de cidadezinha do interior.

— Como então tu queres?

— Podia bem ser Estádio Mendes de Moraes[23].

A despeito do *lobby* expresso no diálogo de veracidade suspeitíssima e com ares de puxa-saquismo explícito, a ideia de homenagear o prefeito não caiu no gosto da cidade. O Estádio Municipal passou a se chamar Jornalista Mário Filho em 1966, pouco depois da morte do maior entusiasta da obra. No imaginário popular, entretanto, consolidou-se o nome do Maracanã. Nelson Rodrigues nunca se conformou que o nome oficial do estádio, em homenagem ao irmão, fosse quase ignorado pelos torcedores, que preferiam mesmo chamá-lo por um apelido carinhoso, revelando a intimidade afetiva entre a cidade e o gigante de concreto: Maraca.

O primeiro jogo foi um desafio entre as seleções de novos do Rio de Janeiro e de São Paulo. Os portões abertos estimularam a maciça presença de moradores da Favela do Esqueleto, que chegaram a fazer piquenique na arquibancada. No gramado, tripés anunciavam as marcas dos dois primeiros patrocinadores do Maracanã: a Pomada Minâncora, ancorada na ideia de que era um produto nacional — ao contrário da norte-americana Hipoglós — e alertando que tanto jogadores como torcedores deveriam se prevenir contra as assaduras; e o Biotônico Fontoura, um tônico fortificante de gosto amargo que marcou a infância de gerações de brasileiros.

---

[23] Jornal dos Sports, edição de 18/06/1950.

A seleção de novos do Rio entrou em campo com Ernani; Laerte e Wilson; Mirim, Irani e Sula; Aloisio, Carlyle, Silas, Didi e Esquerdinha. Entraram durante o jogo Luiz Borracha, Alcino, Ipojucam, Dimas, Simões e Moacir Bueno. Os paulistas foram de Oswaldo; Homero e Dema; Djalma Santos, Brandãozinho e Alfredo; Renato, Ponce de Leon, Augusto, Rubens e Brandãozinho II. Entraram Luizinho, Leopoldo e Carbone. Apitaram a partida Alberto da Gama Malcher e Mário Vianna, um em cada tempo.

Aos nove minutos do primeiro tempo, Didi tabelou com Silas e fez o primeiro gol do estádio. Com dois gols de Augusto e um de Ponce de Leon, os paulistas viraram o jogo: 3 x 1. Calhou de o gol inaugural ter sido feito por um jogador que marcaria época no futebol brasileiro. Nascido em Campos dos Goytacazes, Waldir Pereira jogava no Fluminense. Oito anos depois de inaugurar o gramado do Maraca, foi o grande comandante da Seleção Brasileira campeã mundial pela primeira vez.

Feito o aquecimento, era chegada a hora de completar a festa: uma semana depois da inauguração, começaria a Copa do Mundo. O projeto de um estádio capaz de guardar em suas dimensões a encarnação da nacionalidade brasileira estava apenas à espera da cereja do bolo: o título de campeão mundial para a Seleção Brasileira, o time da casa.

TOURADAS EM MADRI E OUTRAS GOLEADAS

A COPA DO MUNDO DE 1950 tinha a função de recuperar a força do torneio, depois de 12 anos sem disputas em virtude da Segunda Guerra Mundial. O número de participantes, apenas 13, permanece sendo o menor de uma edição, ao lado do certame de 1930.

 A Seleção Brasileira entrou como favorita absoluta ao título, sobretudo em virtude de problemas com as outras seleções. Tchecoslováquia, França, Bélgica, Suíça, Turquia, Áustria e Hungria, por exemplo, alegaram a necessidade de reconstrução dos países após a guerra e a falta de dinheiro para não disputar as eliminatórias ou desistir em cima da hora. A Argentina se recusou a participar, em litígio com a Fifa. A Alemanha tinha sido expulsa da federação por causa dos estragos genocidas dos nazistas. A Espanha chegou ao Brasil sem outra pretensão se não a de voltar a ter projeção internacional depois da guerra civil da década de 1930.

 O caso da bicampeã do mundo era especial. A Itália somava o desgaste da Segunda Guerra Mundial ao desastre aéreo que, em 4 de maio de 1949, tinha matado todo o time do Torino, campeão nacional e base da *Squadra Azurra*. O avião que levava a equipe de Lisboa a

Turim, depois de um amistoso realizado na capital de Portugal, contra o Benfica, se chocou contra a Basílica de Superga durante o procedimento de pouso. As 31 pessoas a bordo — jogadores, comissão técnica, tripulação e jornalistas — faleceram na hora. Em virtude do trauma do acidente, a desfigurada seleção italiana veio de navio para jogar a Copa no Brasil. A cansativa viagem, sem espaço para treinos e para a manutenção do condicionamento físico, comprometeu sua participação. A seleção foi eliminada ainda na primeira fase do campeonato.

Na Ásia houve quatro recusas: Filipinas, Indonésia, Burma (atual Myanmar) e Índia. A recusa dos indianos foi uma decisão do primeiro-ministro Jawaharlal Nehru, que discordou da determinação da Fifa que proibia que se jogasse futebol descalço, como a seleção do país fizera nas Olimpíadas de 1948.

O regulamento do torneio previa a realização de 22 partidas, disputadas entre 24 de junho e 16 de julho na Capital Federal — o Rio de Janeiro — e em cinco capitais estaduais: São Paulo, Belo Horizonte, Recife, Porto Alegre e Curitiba. O Maracanã sediou oito partidas; cinco da Seleção Brasileira. O Pacaembu, em São Paulo, recebeu seis jogos, inclusive um da seleção. Construído para a Copa, o Estádio Independência, em Belo Horizonte, recebeu três partidas da competição. O Estádio Durival Britto e Silva, em Curitiba, sediou dois jogos, mesmo número do Estádio dos Eucaliptos, que pertencia ao Internacional de Porto Alegre e é o único que já não existe. O Estádio da Ilha do Retiro, em Recife, recebeu apenas uma partida.

O Brasil, que jogou todas as partidas com o uniforme branco, passou pela primeira fase com relativa tranquilidade: estreou ganhando do México por 4 x 0; empatou em dois gols com a Suíça no Pacaembu; e passou pela Iugoslávia com autoridade, 2 x 0.

Pela primeira e única vez na história das Copas do Mundo, não houve exatamente uma final do torneio. O regulamento previa um quadrangular disputado pelos vencedores dos quatro grupos da primeira fase: Brasil, Espanha, Suécia e Uruguai. Brasil e Espanha se classificaram jogando em grupos com quatro seleções. A Suécia disputou em um grupo com três equipes, e o Uruguai precisou apenas disputar um jogo na primeira fase, contra a fraca Bolívia, em virtude da desistência da França.

A Seleção Brasileira jogou os três jogos do quadrangular no Maracanã. No primeiro, sapecou uma goleada histórica contra a Suécia, por um placar que um dia ganharia contornos sinistros na história do futebol canarinho: 7 x 1. Os quatro gols de Ademir, dois de Chico e um de Maneca reforçaram a certeza do favoritismo brasileiro. Espanha e Uruguai, na estreia no quadrangular final, não passaram de um empate em 2 x 2.

No segundo jogo da fase final, a vitória de 6 x 1 contra a Espanha foi contundente e transformou o Maracanã em um verdadeiro baile de carnaval fora de época. O Maracanã recebeu mais de 152 mil pagantes, fora milhares de convidados e bicões que escalaram os muros do estádio. A torcida brasileira celebrou a vitória ao som da marchinha "Touradas em Madri", de João de Barro, o Braguinha, e Alberto Ribeiro. A música começou a ser cantada após o quarto gol brasileiro.

Em diversas entrevistas, Braguinha, que estava no jogo, costumava contar uma história impagável. Ao escutar o estádio inteiro cantar "Touradas em Madri", o compositor foi aos prantos. De imediato, um torcedor de físico avantajado virou-se para ele com ar ameaçador e sentenciou: 200 mil brasileiros felizes e só um filho da puta de um espanhol chorando aí atrás.

A história de "Touradas em Madri" é a da carnavalização de uma tragédia. A música foi composta em 1937 e fez um sucesso estrondoso no Carnaval de 1938, na voz de Almirante. À época, a Espanha estava mergulhada em uma guerra civil violentíssima, com sangrentos combates na Catalunha, acossada pelas tropas fascistas do General Francisco Franco. Os jornais brasileiros noticiavam constantemente os horrores do conflito espanhol. Braguinha e Alberto Ribeiro descrevem na letra a aventura de um brasileiro que se meteu na Espanha durante o quebra-pau, se apaixonou por uma catalã e, instado a "pegar o touro à unha", metendo-se na confusão reinante no país europeu, preferiu fugir.

O interessante é que "Touradas em Madri" não trazia boas recordações para seus compositores. A música ganhou o concurso de marchas carnavalescas promovido pela Prefeitura do Rio de Janeiro para o Carnaval de 1938, mas foi desclassificada e perdeu o título para "Pastorinhas", do mesmo Braguinha em parceria com Noel Rosa, que falecera no ano anterior. O motivo alegado para a desclassificação foi o de que "Touradas em Madri" era um *pasodoble* e não uma marchinha[24].

Em entrevista à ESPN, o jornalista João Máximo, que estava no Maracanã no dia de Brasil e Espanha, relatou o que ocorreu:

> Quando fui ao jogo, havia pequenos grupos de torcedores que distribuíam uma paródia para ser cantada com o "Touradas em Madri". Essa paródia mexia com Basora, Parra, Gaínza, Puchades, Panizo, jogadores espanhóis. O que eu acho é que esse papel se espalhou por vários grupos da arquibancada, as pessoas tentaram cantar a paródia com o "Touradas em Madri". Claro que não pegou. O estádio de repente começou a cantar a mesma letra original que todo mundo conhecia[25].

Cantada por 150 mil vozes em 1950, a marchinha deixou de ser lembrada como um relato carnavalesco da Guerra Civil e passou a

---

[24] Ver "A canção cantada": Pastorinhas. Disponível em www.qualdelas.com.br/pastorinhas, acesso em 25 de julho de 2020.

[25] O depoimento de João Máximo foi transcrito em reportagem da Folha de S. Paulo, edição de 09/06/2014.

estar diretamente relacionada, no imaginário brasileiro, ao verdadeiro passeio que a Seleção Brasileira deu nos espanhóis.

No mesmo dia de Brasil contra Espanha, o Uruguai enfrentou a Suécia no Pacaembu. Os sul-americanos ganharam por um placar apertado (3 x 2). Os uruguaios perdiam o jogo até os 37 minutos do segundo tempo. Viraram a partida com dois gols de Míguez, o último marcado no apagar das luzes. Uma vitória sueca ou mesmo um empate praticamente garantiriam ao Brasil o título de campeão do mundo.

Mas a vitória contra a Espanha gerou uma espécie de catarse coletiva. Até mesmo os jornalistas estrangeiros que cobriam a Copa entraram na onda da euforia brasileira. No italiano *Gazzetta dello Sport*, Giordano Fattori comparava o Maracanã a uma tela e dizia que Zizinho fazia lembrar Leonardo da Vinci, fazendo com os pés o que o florentino fazia com as mãos: obras de arte. O chileno Pepe Nava não deixou por menos: "Depois de Brasil X Espanha, entre os monumentos do Brasil Moderno, junto ao Cristo Redentor e aos arranha-céus de Copacabana, deve-se colocar a máquina esportiva construída por Flávio Costa" (Perdigão, 2000, p. 247).

A TRAGÉDIA

O ÚLTIMO JOGO DA COPA DO MUNDO parecia ser a crônica de uma festa anunciada. Na véspera da partida, 15 de julho de 1950, jornais do Brasil inteiro e correspondentes estrangeiros davam a vitória brasileira como favas contadas. A seleção entraria em campo contra o Uruguai precisando apenas do empate, mais favorita que Emilinha Borba no concurso da Rainha do Rádio. O problema é que havia uma Marlene com camisa celeste.

O jornal O Mundo sintetizou a certeza do que aconteceria no gramado com a foto da Seleção Brasileira e a manchete em tom de profecia: "Estes são os campeões do mundo". Ao ler nas bancas a chamada do jornal, o Cônsul Honorário do Uruguai no Brasil, Manuel Caballero, comprou mais de vinte exemplares e distribuiu entre os jogadores com uma frase cortante: "Meus pêsames, os senhores já estão vencidos". Com a maior calma, Obdúlio Varella, na frente dos demais jogadores, atirou o jornal no chão e urinou encima dele. Falando com a imprensa, o técnico uruguaio Juan Lopes foi humilde como um franciscano com passarinho no ombro: "Tudo faremos para não estragar a festa do Maracanã e não levarmos uma goleada". A atitude de Obdúlio — o mijo tranquilo na manchete que profetizava o triunfo do Brasil — mostrava que a resignação uruguaia com a derrota era coisa da boca pra fora.

O estádio estava lotado. O público oficial foi de 173.850 presentes, mas portões foram arrombados e catracas foram puladas. Especula-se que em torno de 200 mil pessoas se aboletaram feito sardinhas em lata. Nas tribunas, notava-se a presença de graúdos como Nelson Rockfeller, Yves Montand, Simone Signoret, André Maurois, o presidente Dutra e Jules Rimet.

O Brasil formou com Barbosa; Augusto e Juvenal; Bauer, Danilo e Bigode; Friaça, Zizinho, Ademir, Jair e Chico. O Uruguai veio com Máspoli; Matias Gonzáles e Tejera; Gambetta, Obdúlio Varela e Rodriguez Andrade; Ghiggia, Júlio Perez, Míguez, Schiaffino e Morán.

O primeiro tempo foi encrencado. O Brasil chutou mais, mas foi o Uruguai que quase abriu o placar, com um chute de Míguez na trave. Por volta dos 27 minutos teria ocorrido o famoso tapa que Obdúlio Varela deu na cara de Bigode, para intimidar o brasileiro. Segundo o próprio Bigode, "Obdúlio Varela deu um tapinha em mim pelas costas para pedir calma. Eu tinha dado uma pancada em Júlio Pérez"[26]. O ponta-esquerda Chico, por sua vez, jura que viu Obdúlio estapear Bigode. A narração do jogo não esclarece o lance.

O Brasil abriu o placar no início do segundo tempo, com o gol de Friaça. Schiaffino empatou aos 20 minutos e Ghiggia virou treze minutos depois, com um gol que rendeu trocas de acusações por décadas sobre quem teria sido o responsável pelo lance: o goleiro Barbosa, que tomou o gol em um chute com pouco ângulo, o lateral Bigode ou o zagueiro Juvenal.

Gravou-se na memória coletiva a história de que o gol de Ghiggia colocou o Maracanã em silêncio sepulcral até o apito derradeiro do

---

[26] Disponível em http://revistaepoca.globo.com/Revista/Epoca/0,,EMI157183-15228,00-O+DIA+MAIS+TRISTE+DO+FUTEBOL+BRASILEIRO.html, acesso em outubro de 2020.

árbitro George Reader. Paulo Perdigão, que ouviu diversas vezes a narração da partida para escrever "Anatomia de uma derrota" (2000), contesta o mito do silêncio absoluto. A transmissão radiofônica registra que a torcida cantou o tempo inteiro.

Obcecado pela partida, Perdigão fez um *scout* minucioso do que aconteceu. O Brasil deu 30 chutes a gol, o Uruguai deu 12. Máspoli fez 10 defesas, contra 4 de Barbosa. O mito de que os uruguaios desceram o sarrafo é facilmente desmentido: o Brasil fez 21 faltas, contra 11 dos jogadores da celeste.

A consulta aos jornais da época mostra que o resultado ganhou dimensões de tragédia coletiva. As primeiras reações da imprensa ressaltaram o bom jogo dos uruguaios, lamentando a derrota brasileira. Aos poucos, porém, o imaginário da tragédia foi sendo alimentado. Nelson Rodrigues afirmou que o Maracanazo era a "nossa Hiroshima". O Esporte Ilustrado concluiu que "o colosso do Maracanã, sede de grandes espetáculos de sangue, suor e lágrimas, foi palco da maior tragédia já registrada em toda a história do futebol"[27]. Paulo Perdigão falava da perda do mundial como um *Waterloo* brasileiro.

O jogo teve todos os ingredientes para se transformar numa das partidas lendárias da história do futebol. Nos anos seguintes, a busca por explicações para a derrota da seleção ganhou contornos peculiares. Entre 1986 e 1987, o jornalista Geneton Moraes Neto entrevistou os jogadores brasileiros que participaram da partida. A intenção de Geneton era acabar com as dúvidas que existiam sobre o que ocorreu naquele dia 16 de julho. Ao publicar o livro "Dossiê 50" (2000), com as entrevistas dos jogadores, Geneton concluiu que não havia como resolver as polêmicas, já que cada um parecia ter participado de um jogo diferente. Os mais supersticiosos viram, de cara, sinais preocupantes: a

---

[27] Esporte Ilustrado, edição de 19/07/1950.

bandeira do Brasil foi hasteada de ponta-cabeça e a seleção perdeu na moedinha pela primeira vez no torneio, tendo que começar jogando no lado do campo contrário ao que estava habituada.

    Uma coisa parecia certa. O Maracanã, monumento da grandeza possível da nação brasileira, nascia como um signo possível do seu inverso: e se o país estivesse fadado ao fracasso? Em certo sentido, a derrota para o Uruguai condensou uma espécie de enigma que parece acompanhar o Brasil ao longo dos tempos e faz o país ter a impressão de que percorrer os extremos entre a glória e o desastre é uma condição grudada na alma brasileira. A grandeza de construir o maior estádio do mundo e o fiasco de perder a Copa do Mundo nesse mesmo estádio, quase ao mesmo tempo, parece indagar: será destino?

O IMPACTO

O IMPACTO DA DERROTA FOI TAMANHO que, no ano de 1951, a Seleção Brasileira não realizou nenhum jogo. O selecionado só voltou a se reunir para disputar o Campeonato Pan-Americano de 1952, em Santiago do Chile. A seleção passou quatro anos sem pisar no Maracanã.

O palco da glória que terminou em tragédia só voltou a ser utilizado para jogos do Brasil no dia 14 de março de 1954, em um jogo contra o Chile pelas eliminatórias da Copa do Mundo da Suíça. Naquela Copa, a seleção jogou acompanhada pelo fantasma do Maracanazo. A estreia foi até animadora, com um fácil triunfo contra o México, uma goleada por 5 x 0. No segundo jogo da chave, contra a Iugoslávia, um empate de 1 x 1 classificou as duas seleções. O problema é que o Brasil enfrentaria, na próxima fase, a poderosa Hungria, campeã olímpica de 1952 e encarada como a melhor seleção do mundo naquele momento.

Havia, segundo diversos depoimentos, uma espécie de clima de velório antecipado na delegação brasileira. Os húngaros vinham atropelando impiedosamente os adversários e, mesmo sem o craque Puskas, que estava machucado, eram pule de dez para prosseguir na competição. Ao Brasil restava contar com um milagre.

Antes do início da partida, o vestiário canarinho foi invadido por dirigentes em transe nacionalista, dispostos a estimular o time a superar as dificuldades em nome da pátria. João Lyra Filho, o chefe da delegação, discursou comparando os jogadores aos inconfidentes mineiros e os húngaros a Silvério dos Reis, o traidor de Tiradentes.

Nilton Santos se recorda, em seu livro "Minha Bola, minha vida", que alguém desfraldou no vestiário a bandeira da Força Expedicionária Brasileira na Segunda Guerra Mundial. O chefe da delegação exortou os jogadores a beijar a bandeira e declarou que naquele jogo contra os húngaros os canarinhos vingariam os mortos de Pistoia — cemitério italiano onde foram enterrados os pracinhas que morreram na guerra. Não ocorreu a ninguém recordar que brasileiros e húngaros não se enfrentaram no charivari armado por Hitler e Mussolini.

Ainda segundo Nilton Santos, o time entrou em campo com os nervos em frangalhos por causa das exortações de Lira Filho. Brandãozinho, um dos nossos volantes, confessou que não entendeu bulhufas quando o dirigente começou a falar da Inconfidência Mineira. Didi desconfiou, e disse a Nilton que o dirigente tinha enlouquecido. O técnico Zezé Moreira tentou expulsá-lo do vestiário, sem sucesso.

O que se viu a partir da entrada dos times no gramado, debaixo de um dilúvio, foi uma das disputas mais emocionantes, violentas e desvairadas da história do futebol. O técnico Zezé Moreira insistiu numa recomendação aos jogadores: a chave para a vitória contra os húngaros era segurar os primeiros dez minutos e depois partir para o ataque. Não deu certo. Com oito minutos do primeiro tempo a Hungria já tinha feito dois gols em Castilho, marcados por Hidegkuti e Kocsis. Com surpreendente poder de reação, o Brasil descontou aos 18 minutos, em um pênalti bem cobrado por Djalma Santos. A partir daí o jogo foi pau a pau, com o ponteiro Julinho Botelho pintando o sete em campo.

O segundo tempo foi, no jargão boleiro, um verdadeiro teste para cardíacos. Os húngaros fizeram o terceiro gol — Lantos, de pênalti

— mas o Brasil descontou logo com Julinho e mandou duas bolas na trave. Nilton Santos e Humberto foram expulsos; pela Hungria, foi expulso Bozsk. Os húngaros liquidaram o jogo com um gol de Kocsis no finzinho: 4 x 2 para os magiares.

Quando o juiz Mr. Ellis apitou o fim do jogo, a verdadeira batalha começou. Puskas, que assistira ao embate das arquibancadas, desceu ao gramado e provocou Pinheiro na entrada do vestiário. O zagueiro revidou e praticamente todos os jogadores se envolveram na pancadaria.

Um policial imenso, com mais de 130 quilos, foi correndo apartar a briga, tomou uma rasteira do radialista brasileiro Paulo Planet Buarque e caiu estatelado no gramado. A polícia revidou, e jornalistas e dirigentes acabaram se envolvendo no furdunço. O técnico Zezé Moreira viu um gringo de terno correndo em direção ao vestiário e não teve dúvidas; agrediu o sujeito com o que estava em suas mãos, eram as chuteiras que Didi trocara durante o jogo. O agredido era o ministro do Esporte da Hungria, Gustavo Sebes. Didi, com dotes de capoeirista, mandava rabos de arraia em quem passasse pela frente.

No setor reservado às estações de rádio, para a surpresa dos discretos suíços, o árbitro brasileiro Mário Vianna urrava nos microfones impropérios contra o juiz inglês. Lançando a tese de que o escrete fora vítima de uma conspiração comunista financiada por Moscou, Vianna tentou invadir o vestiário do juiz para, segundo declarou depois, aplicar-lhe um corretivo em nome da pátria e desafiar Stalin (Moreyra, 1985, p. 56). O curioso é que o líder soviético, desafiado por Mário Vianna, tinha morrido no ano anterior.

Não foram poucos os que atribuíram a derrota em 1954 à mesma razão do fracasso em 1950: os jogadores brasileiros não tinham condições psicológicas de lidar com a pressão. Impulsivos, inventivos, sensuais, habilidosos, faltava aos mestiços brasileiros a frieza de raciocínio, o controle emocional dos europeus. O racismo estrutural presente na formação do país dava as caras; o binarismo entre habilidades corporais e inteligência se manifestava em teses como a de que os negros não serviam para jogar no gol, posição que exigia um equilíbrio emocional incompatível com o elemento africano. Barbosa, goleiro de 1950, teria sido vítima de sua origem africana. Ao mesmo tempo que o projeto de Estado-Nação investia na ideologia da mestiçagem como definidora do ser brasileiro, ela mesma acabava colocando limites aos projetos de grandeza nacional.

Apenas em 1958, com o triunfo da seleção na Copa do Mundo da Suécia — ancorado na categoria de Didi, o "Príncipe Etíope" de Nelson Rodrigues, no menino preto Pelé e no índio fulni-ô Mané Garrincha —, a afirmação do futebol como o esporte nacional capaz de projetar o Brasil no mundo e expressar a peculiaridade da formação do povo brasileiro de forma positiva seria plenamente confirmada.

O Maracanã, que parecia representar as contradições de um país capaz de construir o maior estádio do mundo para fracassar na festa anunciada, começaria a viver no cotidiano de cariocas e brasileiros, como se estivesse ali, às margens do rio de mesmo nome, desde sempre, feito uma montanha na paisagem. Após a morte de 16 de julho de 1950, era a hora de o estádio ressuscitar.

RICARDO BELIEL

4

A DANÇA DOS ENCANTADOS

O PROCESSO DE CONFIGURAÇÃO DA CIDADE BURGUESA é sempre conflituoso. Se por um lado há uma tentativa de controle social das massas urbanas a partir da disciplina do trabalho, da moral e do aparelho de segurança do Estado, por outro há o movimento dessas massas em direção ao processo de construção de sociabilidades cotidianas nas síncopes das estruturas do controle. Este processo abrange desde táticas diversas de sobrevivência material até a apropriação de espaços de lazer, festa e ludicidade, reconfigurados nas frestas do sistema vigente.

Passada a Copa do Mundo de 1950, o Maracanã entranhou-se no cotidiano do Rio de Janeiro e se transformou numa espécie de casa dos habitantes da cidade, configurando-se ainda como um espaço coletivo de diversas expressões performáticas.

É a consolidação do modelo do Estádio Monumental. A torcida está distante do campo, o fosso de segurança isola o gramado da interação direta com os torcedores da geral. Segundo Gilmar Mascarenhas, "a geração estatal de grandes estádios brasileiros produziu espaços que propiciavam uma nova dinâmica comportamental coletiva, marcada pela articulação das vozes em uníssono"[28].

Diante da imensidão do estádio, o torcedor reelabora as maneiras de interagir com o que está acontecendo no gramado. A própria arquibancada original do Maracanã, com estrutura de cimento e concreto bastante simples, sem cadeiras ou lugares marcados, desprovida de conforto, acabava redefinindo as maneiras de agir das torcidas e torcedores. As novas formas de torcer consolidam, por exemplo, a presença das 'torcidas organizadas', com instrumentos musicais, camisas, tempestades de bandeiras, gritos de guerra, faixas, disputas entre

---

[28] Ver "O direito ao estádio", texto de Gilmar Mascarenhas. Disponível em https://medium.com/puntero-izquierdo/o-direito-ao-est%C3%A1dio-ae73eb43848f, acesso em 27 de julho de 2020.

facções de torcedores do mesmo time, formação de redes de sociabilidades e assistências entre seus membros etc.

Esse fenômeno de apropriação, redefinição de espaços e construção de sociabilidades cotidianas não é isolado na história do Rio de Janeiro nem restrito ao futebol. As décadas de 1950 e 1960 consolidam o carnaval das escolas de samba, nascidas na década de 1930, como grande referência do festejo carioca. A estrutura das escolas de samba bebe na fonte dos cortejos dos ranchos e das grandes sociedades, apresentando como novidade a trilha sonora: o samba urbano carioca. É um caso contundente de apropriação de manifestações carnavalescas de perfis mais elitistas pelos descendentes de africanos que ocupavam os morros e subúrbios da cidade.

Do mesmo período é a popularização da festa de *réveillon* nas praias. A iniciativa de fazer a festa na praia de Copacabana partiu de alguns pais de santo de umbanda, com destaque para a turma que acompanhava Tancredo da Silva Pinto, o Tata Tancredo, líder religioso, sambista e personagem fundamental da cultura do Rio de Janeiro[29].

Assim como as avenidas de desfile e as praias, o processo de uso do Maracanã como um espaço coletivo da população da cidade, que cria incessantemente formas de ocupar o estádio e o seu entorno em dias de jogo, não é isolado de uma dinâmica mais ampla de disputa pelo

---

[29] "Tata" é título de grande sacerdote em cultos de origem angolo-congoleses (bantos). Nascentes (1988) e Nei Lopes (2003) o vinculam ao termo multilinguístico "tata"; pai, no quimbundo e no quicongo. Tata Tancredo nasceu em 1905, em Cantagalo. Foi parceiro e gravou com Moreira da Silva, Blecaute, Zé Kéti, Jorge Veiga e outros tantos. Conheceu a turma toda do Estácio, a geração de ouro que inventou o "samba de sambar", característico do Rio de Janeiro, e participou dos fuzuês que envolveram a criação da Deixa Falar. Sua música mais conhecida é "General da Banda" — louvação a Ogum e evocação das rodas de pernada e batucadas —, gravada pelo cantor Blecaute. Foi ele o maior defensor da chamada linha de umbanda "africanizada e indígena", em oposição aos que defendiam a ênfase maior no cristianismo e no kardecismo.

território. As praias, avenidas e esquinas do Rio de Janeiro fazem parte da mesma dinâmica de apropriação da cidade pelas bordas, frestas e fissuras. Proponho aqui que pensemos essas culturas forjadas na experiência das invenções da vida no precário como "culturas de síncope" (Simas & Rufino, 2018, p. 18).

A base rítmica do samba é africana e o seu fundamento é a síncope. Sem cair nos meandros da teoria musical, basta dizer que a síncope é uma alteração inesperada no ritmo, causada pelo prolongamento de uma nota emitida em tempo fraco sobre um tempo forte. Na prática, a síncope rompe com a constância, quebra a sequência previsível e proporciona uma sensação de vazio que logo é preenchida de forma surpreendente.

O drible — a ocupação do vazio com o corpo e a bola, a fuga da marcação — é um exemplo de cultura de síncope. A apropriação do estádio e a criação de formas de torcer, a ritualização das esquinas em despachos arriados para o santo, o piquenique em Paquetá, o uso da praia, as redes de sociabilidade criadas nos botequins, os modos cariocas de usar a rua, são todos típicos das culturas de síncope.

Os rituais que envolviam um dia de jogo no Maracanã incluíam um amplo arco que começava na saída dos torcedores de suas casas, botequins, almoços de família, sedes de torcidas organizadas etc. Depois disso, envolvia a atmosfera que circundava o estádio — a fila nas bilheterias, os vendedores de laranja lima, o encontro da torcida, o tumulto em dias de grande público, o assédio de cambistas — e culminava com a entrada do torcedor por um dos acessos que descortinavam a imensidão de concreto e grama.

Neste sentido, não há como desvencilhar a história do estádio da memória afetiva de cada um dos torcedores que viam no Maracanã a grande aldeia da coletividade carioca, entranhada no cotidiano do Rio de Janeiro como se estivesse desde sempre aqui. Em conversas com torcedores de diferentes gerações, constatei que algumas impressões sobre o Maracanã são comuns aos frequentadores do estádio entre as décadas de 1950 e 1990.

A maioria dos torcedores das arquibancadas descreve a lembrança do impacto que era subir a rampa, entrar em um dos túneis que davam acesso ao 'cimentão' e vislumbrar o campo e a torcida como um corpo só. Em jogos noturnos, com refletores ligados, a sensação de que o túnel transportava o torcedor a uma dimensão onírica era mais aguda.

Das recordações que tenho da infância frequentando o estádio, uma das mais vivas envolve o que os torcedores encaravam como uma espécie de 'resposta dos balões'. Era relativamente comum que, em jogos de grande público, as torcidas soltassem balões das arquibancadas. Na maioria dos casos, balões japoneses ou carrapetas, de pequeno porte, com bandeiras penduradas. A subida do balão criava forte expectativa na torcida e adquiria contornos rituais, com sinais de sortilégios: se o balão passou da marquise e ganhou os céus, a boa sorte foi anunciada. A torcida que soltou o balão explodia como se fosse gol. Se o balão lambeu em chamas ou bateu na marquise, foi vaticinada a catástrofe. A torcida adversária vibrava aliviada.

Lembro-me bem que uma partida que jogou por terra o vaticínio do balão foi Bangu e Coritiba, a inusitada final do campeonato brasileiro de 1985. Com a presença de 91.527 pagantes — torcedores de todos os clubes da cidade foram ao estádio torcer pelo Bangu —, o pré-jogo foi marcado pela subida de incontáveis balões nos céus do Maracanã. Os bairros de Bangu, Realengo e Padre Miguel, na Zona Oeste da cidade, eram redutos de turmas de baloeiros afamados. Além de vários balões menores, a torcida soltou, das arquibancadas, alguns balões de grande porte. A técnica exímia dos baloeiros de Bangu fez com que os balões driblassem com facilidade a marquise do estádio, para a alegria do público, animado ainda pela bateria da Mocidade Independente de Padre Miguel. A escola de samba era patrocinada pelo banqueiro do jogo do bicho Castor de Andrade, também homem forte do futebol banguense.

Fui ao jogo com meu pai e meu irmão. Comentamos que os balões cravavam o título do Bangu. As respostas, neste caso, foram enganadoras. O jogo terminou empatado em 1 x 1 no tempo normal; o placar se manteve na prorrogação. Na disputa de pênaltis, o Coritiba fez 6 x 5 e levou o caneco, numa noite de 31 de julho que mais parecia, aos desavisados, noite de festa de São João na roça.

Zair Simas, o meu pai, guardou como um momento marcante na vivência do estádio ter ido de arquibancada ao jogo do Brasil contra o Paraguai, em 1969, válido pelas eliminatórias da Copa do Mundo de 1970. Alguns relatos oficiais registram que naquele dia, 31 de agosto de 1969, 183.341 pessoas pagaram ingressos para entrar no Maracanã, o que configuraria o maior público pagante registrado na história do estádio. Há controvérsias. O pesquisador Aírton Fontenelle aponta outro Brasil e Paraguai, esse pelas eliminatórias da Copa do Mundo de 1954, como o jogo de maior público pagante: 195.514 torcedores (Soter, 2002, p. 94-95).

Polêmicas à parte, os dois confrontos entre Brasil e Paraguai não deixaram espaço vazio no Maraca. Do jogo de 1969, que terminou com a vitória brasileira por 1 x 0, com gol de Pelé, meu pai se recorda de que, sem lugar para se acomodar, as pessoas iam para os últimos degraus das arquibancadas e saíam rolando por sobre as cabeças dos torcedores. Onde conseguissem parar e se encaixar, entre pernas e braços em profusão, ficavam.

O documentário Geraldinos, de Pedro Asbeg e Renato Martins, lançado em 2016, acompanhou a paixão e os modos de torcer dos frequentadores da geral do Maracanã, a partir de depoimentos de jogadores, jornalistas, historiadores e dos próprios. Os diversos depoimentos confluem para uma constatação: assistir ao jogo era o que menos se fazia na geral.

O Maracanã talvez tenha sido a maior encarnação, ao lado das praias e do carnaval de rua, de certo mito de convívio cordial da cidade do Rio de Janeiro. Mito ao mesmo tempo enganador — em virtude das tensões que parecia esconder — e afetuoso, na encruzilhada entre flor e faca.

Conforme mencionei na primeira parte do trabalho, o estádio foi pensado, em 1950, para ser frequentado por torcedores de todas as classes sociais, mas não de forma igualitária. O Maracanã foi espacialmente dividido, como se cada torcedor tivesse que saber qual é a sua posição na sociedade: os mais pobres na geral, as frações da classe média nas arquibancadas, os mais remediados nas cadeiras azuis e os abastados em suas cadeiras cativas. Apesar disso, essa divisão era constantemente rasurada, permeada de nuances desestabilizadoras pela prática do ato de torcer e de se apropriar inventivamente do espaço.

Havia algo de bastante perverso na antiga geral, evidentemente. Dela praticamente não se via o jogo. Sem visão panorâmica do campo e noção de profundidade, o torcedor ficava em pé o tempo inteiro. Além disso, o geraldino — a criação da expressão é atribuída ao radialista Washington Rodrigues — corria o risco permanente de ser encharcado pela chuva e alvejado por líquidos suspeitos — da cevada ao mijo — e outros objetos que vinham de cima.

A fabulação do espaço democrático que era o Maracanã, todavia, permitia a crença num modelo de coesão cordato, em que as diferenças se evidenciavam no espaço, mas se diluíam em certo imaginário de amor pelo futebol, e onde existia a possibilidade de invenção de afetos e sociabilidades dentro do que havia de mais precário. A geral — o precário provisório — acabava sendo o local em que surgiam as soluções mais inusitadas e originais sobre como torcer.

Todo geraldino teve o seu dia de gargalhar na cara da miséria e do impossível, já que a geral, um péssimo local em diversos sentidos, era paradoxalmente a fresta pela qual a festa do jogo se potencializava da forma mais vigorosa: como catarse, espírito criativo, performance dramática e sociabilização no perrengue. Torcedores fantasiados, andando de patinete, empunhando cartazes, acendendo velas de joelhos, mascarados, faziam a festa dos geraldinos. Uma festa encantada.

Na perspectiva de compreender as dimensões materiais e simbólicas do lugar a partir da sua apropriação e do seu uso, por este conjunto de modos de sentir e viver o estádio, misturando performances coletivas e anseios individuais, podemos lançar a ideia de que conceitualmente *o Maracanã é um grande terreiro que a cidade do Rio de Janeiro inventou*.

Aqui, entendo os terreiros a partir do tempo/espaço praticado, ritualizado pelos saberes e por suas performances. Essa consideração não despreza a referência dos terreiros a partir de sua materialidade, mas alarga o conceito para as dimensões imateriais. Aquilo que damos conta como a materialidade de um terreiro passa pelos efeitos e cruzamentos do que pensamos como o saber praticado a partir do rito. Praticamos terreiros nas mais variadas formas de invenção da vida cotidiana. Nas festas, nas brincadeiras, nas alegorias da vida comum, na carnavalização do mundo, na avenida em que os corpos expressam seus saberes em forma de desfile (Simas & Rufino, 2018, p. 43).

A Marquês de Sapucaí é um inóspito território cortando as veias do Catumbi sob sol escaldante. A Marquês de Sapucaí é um terreiro quando a primeira escola de samba dobra o cotovelo para entrar na avenida e ritualiza/encanta o espaço. O Viaduto de Madureira é um território que liga o bairro e viabiliza o atravessar dos carros por cima dele. O Viaduto de Madureira é um terreiro quando debaixo dele o baile começa para o transe dos corpos charmosos. O estádio de futebol é um território de cimento e silêncio que vira terreiro quando a gira--jogo começa.

A esquina é território que viabiliza a cidade como ponto de passagem; a esquina é um terreiro quando o marafo é cuspido, o padê é arriado, o samba chega e o malandro desce. O carnaval de rua é um grande ritual de subversão do território pelo terreiro. A praça onde moro vira terreiro quando o menino joga bola, o velho abre o carteado, o cachorro late, o churrasquinho arde, a cerveja gela, o maluco grita, a vovó faz alongamento, a feira é armada, o apaixonado assobia. A arte de disputar a cidade é aquela que torna ainda possível a vida: nas frestas e fendas do poder, cabe encantar o mundo. Para os saberes de terreiros, o contrário da vida, afinal, não é a morte: é o desencanto. O contrário da morte não é a vida: é o encantamento. Este é o segredo do caboclo que percorre todos os caminhos.

Como todo terreiro, o Maracanã tem as suas grandes giras-jogos e os seus caboclos de chuteiras, meiões, calções e camisas. É impossível estabelecer com algum tipo de precisão, de forma definitiva, quais foram os maiores jogos da história do Maracanã. A primeira dificuldade é estabelecer critérios para a escolha: jogos decisivos, jogos com os maiores públicos, viradas emocionantes, atuações exuberantes de craques, grossas pancadarias.

A segunda dificuldade se estabelece pela subjetividade que envolve um jogo de futebol a partir do olhar do torcedor. Perguntando a diversos frequentadores do estádio sobre qual teria sido a partida inesquecível de cada um, recebi as respostas mais variadas possíveis. Às vezes o torcedor não se recorda do que aconteceu em determinado jogo, nem mesmo do resultado, mas tem a lembrança de alguma coisa extraordinária que marcou a partida.

Pouca gente se recorda, por exemplo, do que ocorreu em campo com a bola rolando em um Brasil e Uruguai noturno, válido pela Taça do Atlântico de 1976. A competição marcou a estreia de Zico na seleção. No final do jogo, começou uma pancadaria que envolveu todo mundo. O uruguaio Ramirez partiu pra cima de Rivelino, que preferiu escapar para evitar o confronto e acabou caindo dentro do vestiário, depois de ter escorregado e descido de bunda os degraus da escada do túnel. No meio da confusão, o lateral brasileiro Orlando Lelé e o goleiro Jairo assumiram as dores de Rivelino e distribuíram sopapos em quem passava pela frente (Soter, 2002, p. 154). A cena de Rivelino caindo de bunda no túnel e parando dentro do vestiário é inesquecível. O resultado do jogo, nem tanto. Para constar, o Brasil venceu por 2 x 1.

Alguns jogos estão cravados na memória coletiva, como a final da Copa de 1950. Outros têm pouquíssimo impacto para o futebol brasileiro, mas se revestem de grande significado para determinados torcedores: a primeira vez no estádio, a primeira vez que o pai levou o filho, a última vez que o filho foi com o pai, o envolvimento em pancadaria, um gol extraordinário, uma tempestade que alagou o campo e a cidade. Os fatores são diversos e, em muitos casos, inapreensíveis pelas redes da razão. Lembro-me, por exemplo, de uma briga que meu avô arrumou no estádio e envolveu inclusive um vendedor de mate. Não faço a menor ideia do jogo em que o fato ocorreu.

Admitindo de antemão a impossibilidade de dar conta dessa tarefa sem deixar lacunas consideráveis, procurei selecionar alguns jogos e contar as histórias de alguns personagens consolidados na memória coletiva por algumas razões especiais, bem como as dos seus times. Eles, os jogos e os personagens, acabam também contando a história do estádio e dos modos como a cidade o praticou. É a dança dos deuses, afinal, que faz o terreiro.

O ÚLTIMO ATO DO GÊNIO

O MÊS DE DEZEMBRO DE 1962 foi daqueles em que aconteceu de tudo e mais alguma coisa na política nacional. A população brasileira se preparava para, no início do ano seguinte, ir às urnas decidir se o país mantinha o sistema parlamentarista, implantado em 1961, ou voltava ao presidencialismo tradicional.

O furdunço todo começou quando o presidente Jânio Quadros renunciou à Presidência em um arroubo mal explicado, com direito a um bilhete com menções a forças terríveis e poderosas. Explodiu então a polêmica sobre a posse do vice João Goulart. Visto pelos conservadores como um herdeiro perigoso do nacionalismo varguista, chegado aos socialistas, Jango foi refutado por setores das Forças Armadas e das elites empresariais.

No meio do quiproquó, animado ainda pela "campanha da legalidade" de Leonel Brizola, Goulart assumiu com poderes limitados por uma emenda que instaurou o parlamentarismo no país. O que se passou a discutir, então, foi a manutenção ou não da solução provisoriamente tomada.

Como confusão pouca é bobagem, a histeria causada pela Guerra Fria e a chegada dos barbudos de Fidel Castro ao poder em Cuba, em

1959, colocava mais pimenta no vatapá. A ameaça comunista estava na ordem do dia. Os principais jornais acompanhavam, com um tom de apocalipse iminente, os relatos sobre a apreensão de um carregamento de metralhadoras e fuzis destinado às Ligas Camponesas de Goiás. Apoplético, o governador da Guanabara, Carlos Lacerda — aquele que de comunista de carteirinha na juventude virara anticomunista fervoroso —, chegava a prever que, uma vez no poder, os comunistas seriam capazes de destruir a estátua do Cristo Redentor em um atentado.

Se na política o clima estava mais quente do que o verão que se aproximava, no futebol as coisas não andavam muito diferentes. O Campeonato Carioca daquele ano se aproximava do final em um clima de suspense maior do que o do filme "O Assalto ao Trem Pagador"[30]. O favorito ao título nos gramados era, pela posição na tabela e pelo futebol que vinha apresentando, o Flamengo. As páginas de esportes dos jornais do dia 6 de dezembro anunciavam que a rodada do fim de semana poderia selar o destino do campeonato — um empate entre Botafogo e Fluminense e a vitória rubro-negra sobre o Vasco da Gama levariam o caneco para a Gávea.

Em sua coluna "Futebol e Paixão", publicada no jornal O Globo, Nelson Rodrigues assumia com ares proféticos o inescapável triunfo flamenguista: "O Flamengo anda por aí já com um charme de título. Instalou-se na sua alma a prévia e inefável certeza da vitória final (...). O Flamengo curva-se ao peso dos méritos como uma árvore ao peso dos frutos"[31].

Já em relação ao Botafogo, as palavras do criador do Sobrenatural de Almeida descrevem um time de elenco magnífico, recheado de

---

[30] O longa de 1962 agitou as salas de cinema com a história verídica do assalto ao comboio de pagamentos da Central do Brasil em Japeri, um dos maiores crimes da crônica policial do Rio de Janeiro naquele início dos anos 1960.

[31] O Globo, edição de 6/12/1962.

campeões mundiais, mas abalado por um inexplicável apreço pelo martírio, típico dos ares de General Severiano:

> Certas palavras produzem um sutil deleite. Uma delas é martírio. O som é lindo. No caso do Botafogo a propriedade me parece exata. E, de fato, o Botafogo está vivendo o seu martírio. Ninguém duvida que seja um time genial. Mas aí é que está o drama: — até agora esse gênio ainda nem jorrou, e pior: ainda nem pingou. E nada mais trágico que um Homero que não sabe fazer uma letra para Vicente Celestino[32].

Os analistas esportivos atribuíam o decepcionante futebol dos botafoguenses à saída de Didi. O craque, no meio do campeonato, deixou o alvinegro para jogar no futebol europeu.

O jornalista Otelo Caçador era outro que vaticinava o triunfo flamenguista com inabalável certeza. Ao satirizar os títulos de dois filmes que enchiam os cinemas cariocas naquele ano, Otelo escrevia: "Meu coração canta" — torcida do Flamengo; "Sepulcro dos Reis" — torcida do Botafogo[33]. A aprovação então recente do projeto que criava o 13º salário também recebeu de Otelo uma versão futebolística. A piada era dizer que o governo aprovou o 13º salário para que o dinheiro fosse gasto na comemoração do campeonato do Flamengo.

Otelo, como se percebe, era flamenguista doente. Grande jornalista e cartunista, começou fazendo charges sobre futebol para o Jornal dos Sports e depois teve a coluna "Penalty", no jornal O Globo. Foi ele que consagrou a expressão "manto sagrado" para definir a camisa do Fla e "placar moral" para dizer quanto o jogo deveria ter sido. No

---

[32] Idem.

[33] Otelo manteve a coluna no jornal O Globo de 1953 a 1986. Em 1999, a coluna voltou a ser publicada, no jornal Extra, até 2002. Otelo Caçador faleceu em 2006.

placar moral, o Flamengo, mesmo quando derrotado de forma inapelável, jamais perdia. No Botafogo e Flamengo de 1972, que terminou 6 x 0 para o alvinegro, Otelo não titubeou: no placar moral a partida terminou com um empate de 6 x 6. Na reta final de 1962, Otelo tinha certeza do título rubro-negro.

A penúltima rodada do campeonato não definiu o certame. O Botafogo ganhou do Fluminense, e o Flamengo empatou com o Vasco. O clássico da semana seguinte, confronto direto entre botafoguenses e flamenguistas, é que definiria o campeão. O time da Gávea entraria em campo com a vantagem do empate.

O clássico decisivo estava inicialmente previsto para o dia 16 de dezembro, um domingo. A realização de uma grande concentração católica na Candelária — a Cruzada do Rosário em Família — levou à antecipação do duelo para o sábado, dia 15. Temia-se que o encontro religioso e o jogo do Maracanã, dois programas não exatamente compatíveis, parassem a Guanabara de forma irreversível.

O Botafogo usou e abusou, na semana decisiva, das velhas superstições que sempre caracterizaram o clube. Em pleno dezembro carioca, com um calor de derreter asfalto castigando o Rio, o time anunciou que jogaria a decisão de camisas de mangas compridas. O argumento: o uniforme de inverno estava dando sorte. Na véspera da partida, ainda dentro do espírito de que certas coisas só acontecem com o Botafogo, o elenco reproduziu um ritual realizado antes da final de 1957, quando o alvinegro se sagrou campeão ao bater o Fluminense. Os jogadores e a comissão técnica visitaram a Matriz de São Sebastião, na Tijuca, para receber as bênçãos dos frades menores capuchinhos. Como Nilton Santos e Garrincha não participaram do ato religioso em 1957, a direção do clube achou por bem proibir a ida dos dois craques à igreja em 1962.

A decisão foi assistida por um público de 147.043 pagantes. Com mais de dez mil não pagantes no estádio, o Maracanã recebeu cerca de

160.000 pessoas naquela tarde de sábado — devidamente espremidas entre as arquibancadas, cadeiras e geral.

O Botafogo, do técnico Marinho Rodrigues, entrou com: Manga; Paulistinha, Jadir, Nilton Santos e Rildo; Ayrton e Édson; Garrincha, Quarentinha, Amarildo e Zagallo. Quatro jogadores titulares — Nilton Santos, Garrincha, Amarildo e Zagallo — tinham se sagrado meses antes campeões mundiais, na Copa do Mundo do Chile.

O Flamengo foi escalado por Flávio Costa com: Fernando; Joubert, Vanderlei, Décio Crespo e Jordan; Carlinhos e Nelsinho; Espanhol, Henrique, Dida e Gerson. O ataque, ponto forte do time, era o mais positivo do campeonato, com a marca assombrosa de 56 gols.

Com a vantagem do empate, um ataque azeitado e a maioria dos torcedores no estádio, o time da Gávea entrou em campo com uma novidade tática. Baixou um santo retranqueiro no técnico Flávio Costa. O treinador resolveu recuar o jovem Gérson — então no início da carreira, mas que chegaria ao ápice com o tricampeonato mundial na Copa do Mundo de 1970 — para a função de terceiro homem de meio-campo. A missão tática que o técnico deu foi para lá de complicada: Gérson deveria dar o primeiro combate a Garrincha. A estratégia se revelou um completo desastre, sacrificando o jogador em uma função absolutamente distinta de suas características e comprometendo um ataque que vinha sendo o ponto alto do time.

O início de jogo mostrou um Flamengo mais agressivo. Mal o árbitro Armando Marques apitou para que a bola rolasse, um chute de Dida raspou a trave alvinegra, com Manga praticamente batido no lance. Aos poucos, a estrela de Mané Garrincha começou a brilhar e sepultou a *blitz* do adversário. Em um contra-ataque fulminante, quando maior era a pressão flamenguista, Garrincha bateu Jordan na corrida e chutou cruzado, de forma irrefutável, para o goleiro Fernando, colocando o Botafogo na frente do placar, aos dez minutos da etapa inicial.

Aos 35 minutos do primeiro tempo ocorreu o lance que, segundo o próprio Gérson, poderia ter mandado uma carreira promissora para o vinagre. Amarildo, o "possesso" de Nelson Rodrigues na Copa de 1962, serviu Garrincha. Mané arrancou, passou batido por Jordan, deixou Gérson na saudade e, quase na linha de fundo, cruzou para Quarentinha. A bola desviou em Vanderlei e estufou a rede. A vantagem de dois gols no primeiro tempo colocava o Botafogo com a mão na taça.

No início do segundo tempo, logo aos dois minutos, Garrincha aproveitou um rebote do goleiro Fernando e sacramentou a vitória do clube da Estrela Solitária. O narrador Jorge Cury, flamenguista até debaixo d'água, anunciava pelos microfones da Rádio Nacional, em um tom mais propício para comunicados fúnebres, o terceiro gol alvinegro como um golpe de misericórdia nas pretensões do clube da Gávea. Cury costumava narrar os gols do Flamengo gritando até quase perder o fôlego.

No fim das contas, com o placar construído e Dida e Paulistinha expulsos por Armando Marques, o time da estrela solitária esperou o tempo passar e sacramentou o bicampeonato carioca de futebol.

A década de 1960 foi francamente favorável ao Botafogo na disputa contra o rival da Gávea — o Botafogo ganhou os dois títulos que disputou contra o rubro-negro na década de 1960: o Campeonato Carioca de 1962 e a Taça Guanabara de 1968. O Flamengo descontou com juros e correção monetária a vantagem botafoguense durante a década de 1980, incluindo um 6 x 0 em 1981 — vingando a goleada que o Botafogo deu no Fla, pelo mesmo placar, em 1972 — e um 6 x 1 em 1985.

Os torcedores presentes só não podiam imaginar que, naquela tarde de sábado de 1962, algo muito maior que uma final de campeonato acontecera no Maracanã: eles tinham acabado de presenciar aquela que é considerada por muitos a última grande atuação do gênio Mané Garrincha.

O FLA-FLU DAS MULTIDÕES

NELSON RODRIGUES COSTUMAVA DIZER que o Fla-Flu tinha começado quarenta minutos antes do nada. O irmão de Nelson, Mário Filho, tem a fama de ter sido o maior difusor da mística do clássico, ao promovê-lo em 1933 — um ano depois de ter realizado o primeiro desfile de escolas de samba — com a criação da sigla que passou a consagrar os duelos entre o Flamengo e o Fluminense.

A história do clássico centenário registra alguns jogos que fazem parte do corpo mitológico do futebol brasileiro: o primeiro, em 1912; o Fla-Flu da Lagoa, de 1941 (reza a lenda que jogadores do Fluminense começaram a chutar bolas na Lagoa Rodrigo de Freitas, ao lado do campo do Flamengo, para segurar o empate); a final do Campeonato Carioca de 1969, com a vitória do Fluminense, treinado por Telê Santana, por 3 x 2; as duas partidas decisivas de Cariocas em que o tricolor bateu o rubro-negro com gols de Assis, em 1983 e 1984; a final de 1995, que terminou com a vitória do Flu (3 x 2) no ano do centenário do Flamengo, alcançada com um inusitado gol de barriga de Renato Gaúcho para o tricolor; o jogo de 1986, em que a torcida do Fluminense chamou Zico de bichado (o Galinho voltava de grave cirurgia no joelho) e o rubro-negro respondeu com três gols na vitória por 4 x 1. História é que não falta ao Fla-Flu[34].

Há, dentre tantos, um que entrou para a história do Maracanã em virtude de um feito que provavelmente nunca será superado no mundo: a final do Campeonato Carioca de 1963 levou 177.020 pagantes ao estádio. Somando os convidados e as gratuidades, pouco mais de 194 mil pessoas estavam no Maracanã, o que representava 20% da população da cidade do Rio de Janeiro na ocasião. O jogo permanece sendo o de maior público de um duelo entre clubes na história do futebol.

O Fluminense, treinado por Freitas Solich, foi a campo com Castilho; Carlos Alberto Torres, Procópio, Dari e Altair; Oldair e Joaquinzinho; Edinho, Manoel, Evaldo e Escurinho.

O Flamengo, de Flávio Costa, foi escalado com Marcial; Murilo, Luís Carlos, Ananias e Paulo Henrique; Carlinhos e Nelsinho; Espanhol, Airton, Geraldo e Oswaldo.

O jogo não foi grandes coisas. O Flamengo jogava pelo empate. Depois de um primeiro tempo truncado, o segundo tempo virou uma espécie de ataque contra a defesa. O goleiro Marcial, do Flamengo, pegou até pensamento, conforme jargão da época. O atacante tricolor Escurinho carimbou a trave e ainda perdeu um gol no último lance, ao tentar encobrir o arqueiro adversário, que fez a defesa. O empate sem gols deu o título ao rubro-negro.

Nelson Rodrigues, que profetizara a vitória do Fluminense, escreveu, a respeito do Fla-Flu das multidões, uma de suas crônicas mais famosas sobre futebol. O texto intitulado "Continuo Tricolor", foi publicado no jornal O Globo dois dias depois da final:

---

[34] Um ótimo livro é o "'Fla X Flu': e as multidões despertaram", com textos de Nelson Rodrigues e Mário Filho sobre o jogo. O livro foi lançado em edição especial pela Xerox do Brasil em comemoração ao centenário do clássico, em 2012.

O tricolor é o melhor, foi melhor, teve mais time. Mas há, claro, um campeão oficial, que é o Flamengo. E aqui, abro um capítulo para falar da alegria rubro-negra, santa alegria que anda solta pela cidade. Nada é mais bonito do que a euforia da massa flamenga. À saída do estádio, eu vi um crioulão arrancar a camisa diante do meu carro. Seminu, como um São Sebastião, ele dava arrancos medonhos. Do seu lábio, pendia a baba elástica e bovina do campeão.

Mesmo que eu fosse um Drácula, teria de ser tocado por essa alegria que ensopa, que encharca, que inunda a cidade. Eu não sei se o time do Flamengo, como time, mereceu o título. Mas a imensa, a patética, a abnegada torcida rubro-negra merece muito mais. Cabe então a pergunta: — quem será o personagem da semana de um abnegado Fla-Flu tão dramático para nós? Um nome me parece obrigatório: Marcial. E, nessa escolha, está dito tudo. Quando o goleiro é a figura mais importante de um time, sabemos que o adversário jogou melhor. Castilho teve muito menos trabalho. Claro que eu não incluo, entre os méritos de Marcial, o gol que Escurinho não fez. Tão pouco falo na bomba que o mesmo Escurinho enfiou na trave. Assim mesmo, Marcial andou fazendo intervenções decisivas, catando bolas quase perdidas.

Amigos, eu sei que os fatos não confirmaram a profecia. Ao que o profeta só pode responder: — "Pior para os fatos!" É só[35].

Há uma impressão unânime entre os torcedores e os jogadores sobre o Fla-Flu das multidões: o público foi maior que os espantosos 194 mil torcedores oficialmente computados. Muros foram pulados e catracas foram quebradas. Nas arquibancadas, em virtude da falta de lugares, muita gente assistiu ao jogo em pé, debaixo de um sol de dezembro. As partidas de domingo, naquele ano, começavam às 15h.

---

[35] O Globo, edição de 17/12/1963.

Os testemunhos de dois ilustres torcedores que foram àquele jogo ainda crianças dão a dimensão do que ocorreu: Zico e Júnior. Com 10 anos de idade, Zico foi ao jogo de cadeira. Em entrevista concedida em 2012 ao site do Globo Esporte, o Galinho de Quintino recordou a partida:

> Estava lá em 1963, naquele recorde de público de 177 mil. Eu ficava nas cadeiras, meu pai tinha duas. Estávamos eu, Edu e Tonico. Meu irmão mais velho foi jogado até sentar lá, de tão cheio que ficou o estádio. Como torcedor, foi meu Fla-Flu mais marcante. O empate era do Flamengo, o Fluminense pressionou, mas saímos com o empate e o título[36].

Júnior, um pouco mais novo que Zico, foi ao jogo com o pai e o irmão, torcendo pelo Fluminense:

> Com nove anos de idade, eu e meu irmão mais velho, o Lino, fomos àquela final do Carioca de 1963, o 0 x 0 no Maracanã. Subimos para a arquibancada, mas estava impossível de a gente entrar. Aí a solução que o meu tio deu foi: "Ah, vamos lá pra geral..." Eu tinha nove, meu irmão mais velho tinha 11 anos. Nosso sonho era ver na geral. Só que naquele dia a geral tava super, hiper lotada. Então eu, como era menor e pesava menos, vi o jogo todo nas costas do meu pai, do velho Gildo. É uma das grandes lembranças que eu tenho da infância[37].

Zico é o maior artilheiro da história do Fla-Flu, com 19 gols em 44 jogos. Ao lado do ponta-esquerda rubro-negro Jarbas, que jogou nas décadas de 1930 e 1940, Júnior é o jogador que mais disputou o Fla-Flu na história do clássico: 48 vezes.

---

[36] A entrevista de Zico foi concedida para uma reportagem sobre o centenário do Fla-Flu. Disponível em http://globoesporte.globo.com/futebol/100-anos-de-fla-flu/noticia/2012/07/um-milagre-um-recorde-um-estadio-que-nao-cai-o-fla-flu-de-1963.html, acesso em 27 de julho de 2020.

[37] Idem.

CASTOR DE ANDRADE E O PERNAMBUQUINHO

O PRIMEIRO CLUBE A GANHAR UM CAMPEONATO na história do Maracanã foi o Bangu, campeão do Torneio Início de 1950. Esta, entretanto, não foi a maior conquista do clube da Zona Oeste do Rio de Janeiro no estádio Mário Filho. A grande conquista do alvirrubro foi o Campeonato Carioca de 1966, coroado com uma das maiores pancadarias entre jogadores que o Maracanã assistiu.

O campeonato daquele ano terminou com duas figuras das mais polêmicas do futebol brasileiro se destacando por razões não exatamente desportivas: o dirigente banguense Castor de Andrade, banqueiro do jogo do bicho, e o atacante rubro-negro Almir, o Pernambuquinho.

Castor era filho de Eusébio de Andrade, banqueiro do jogo do bicho e presidente do Bangu. Com carta branca do pai para tocar o futebol do clube, Castor atuou de todas as formas para que o time chegasse forte na disputa pelo título. Nos dois anos anteriores, o Bangu já havia deixado a taça escapar por pouco.

No campeonato de 1965, Castor se envolveu em uma polêmica com Tim, o técnico do Fluminense. Bangu e Flamengo lideravam o campeonato. Na rodada final, o Bangu enfrentaria o Fluminense e o Flamengo pegaria o Botafogo. Uma vitória do Bangu e uma derrota do Flamengo dariam o caneco ao time. Às vésperas da partida, Tim botou a boca no trombone e acusou Castor de tentativa de suborno para o Fluminense entregar o jogo. No fim das contas, o Fluminense ganhou a partida e o Bangu perdeu o campeonato. Tim acabou se desculpando com Castor, no meio de um tumultuado processo jurídico.

No campeonato de 1966, a maior polêmica que envolveu Castor aconteceu no jogo Bangu e América, decisivo para as pretensões banguenses. Era a reta final do campeonato e o Bangu precisava vencer para se manter na disputa pelo título contra o Flamengo. O América fez 1 x 0, com um gol de Ica no início da partida. Com dois gols do ponteiro Paulo Borges, o Bangu virou o jogo. Perto do final da partida, Edu foi derrubado por Cabrita dentro da grande área. Pênalti para o América.

Na confusão que se seguiu à marcação da penalidade, Castor invadiu o campo armado para tirar satisfações com o árbitro Ildovan Silva. Depois de muita quizumba, o dirigente banguense deixou o campo. O goleiro Ubirajara deu, tempos depois, a sua versão sobre o que aconteceu:

> Na quinta-feira anterior à partida, avisaram ao Castor que o juiz estava na gaveta do América. Ele riu e disse que não acreditava. No segundo tempo, o juiz deu o pênalti. A confusão foi formada e, de repente, o Castor entrou em campo com a mão na cintura, onde estava a arma. Corri e dei um abraço nele, para evitar que ele a puxasse. O juiz, que estava ao meu lado, pediu: "Bira, por favor, segura o homem". Sem ninguém perceber, eu disse ao juiz: "Seguro, mas você vai ter que marcar um pênalti igualzinho a esse para nós"[38].

---

[38] Disponível em http://www.futrio.net/site/noticia/detalhe/35193092/castor-de--andrade-o-padrinho-fez-a-diferenca-no-bangu-campeao-de-66, acesso em 21 de janeiro de 2019.

O pênalti foi convertido por Eduardo: 2 x 2. Logo após o gol, o zagueiro Aldeci, do América, caiu no gramado, aparentemente contundido. Ildovan Silva expulsou o jogador, com o argumento de que tinha sofrido ofensas morais. No último ataque do Bangu, Paulo Borges dividiu a bola com Eraldo e o juiz não teve dúvidas: marcou pênalti para o Bangu, debaixo do protesto dos americanos. Cabralzinho bateu e definiu a vitória.

Encerrada a partida, Castor invadiu de novo o campo e depois desceu as escadas do vestiário aos prantos, gritando para os jornalistas: "justiça!". Por causa do fuzuê armado por Castor, a federação carioca proibiu a presença de dirigentes nos bancos de reservas no resto do campeonato. O homem forte do Bangu ignorou solenemente a proibição. No jogo final, contra o Flamengo, lá estava ele, pertinho do campo, cercado de capangas.

A partida, realizada no dia 18 de dezembro de 1966, botou gente pelo ladrão no Maracanã. 143.978 torcedores viram o Bangu entrar em campo com: Ubirajara; Fidélis, Mário Tito, Luís Alberto e Ari Clemente; Jaime e Ocimar; Paulo Borges, Ladeira, Cabralzinho e Aladim. O Flamengo escalou: Valdomiro; Murilo, Jaime, Itamar e Paulo Henrique; Carlinhos e Nelsinho; Carlos Alberto, Almir, Silva e Oswaldo.

O primeiro tempo foi francamente favorável ao Bangu. Com gols de Ocimar e Aladim, o clube encaminhou a conquista do título com facilidade. No segundo tempo, Paulo Borges ampliou o marcador.

Desconfiado, como revelou depois, que o árbitro Airton Vieira de Moraes, o Sansão, e o goleiro Valdomiro estavam comprados por Castor de Andrade, Almir Pernambuquinho resolveu melar a partida. Aproveitou um bate-boca entre o rubro-negro Paulo Henrique e o banguense Ladeira para iniciar a confusão, distribuindo sopapos. Foi expulso por Sansão. Já saindo de campo, Almir resolveu dar meia-volta, retornou ao gramado e começou a brigar com praticamente todo o time do Bangu.

A pancadaria generalizada — acompanhada pela torcida do Flamengo aos gritos de "porrada!" — terminou com nove jogadores expulsos, cinco flamenguistas e quatro banguenses. Sansão encerrou o jogo aos 26 minutos do segundo tempo, já que o Flamengo não tinha sete atletas em condições, o número mínimo que o regulamento exige para a continuidade de uma partida.

O Bangu foi campeão, e Castor de Andrade pagou uma série de promessas: distribuiu dinheiro entre os jogadores; levou todo mundo para jantar no Copacabana Palace; fez um churrasco na Vila Hípica com bois de corte da fazenda do pai, Eusébio de Andrade. Respondeu aos repórteres que perguntaram sobre a pancadaria que ocorreu na final de uma forma direta, em um tempo em que destilar preconceitos era comum: "Não podia se esperar outra coisa de um time da favela".

Mas Almir Morais de Albuquerque, o Almir Pernambuquinho, protagonista da pancadaria da final do Carioca, não entrou para a história do Maracanã apenas por causa deste jogo. Cria do Sport Club do Recife, Almir chegou ao Rio de Janeiro aos 19 anos para jogar no Vasco da Gama. Do Vasco, foi para o Corinthians. Depois de uma temporada no Boca Juniors, tentou sem sucesso a sorte na Itália e foi contratado em 1963, pelo Santos Futebol Clube. No time da Vila Belmiro, fez história em dois jogos realizados no Maracanã.

Naquele ano de 1963, o Santos enfrentou o Milan da Itália na final do Mundial Interclubes. O time paulista havia perdido a primeira partida, em Milão, por 4 x 2. O segundo jogo, no dia 14 de novembro de 1963, foi realizado no Maracanã. A diretoria santista cogitou jogar no Pacaembu, bem mais próximo do estádio da Vila Belmiro, pequeno demais para a partida, mas acabou optando pelo maior palco do futebol brasileiro, onde achou que contaria com a torcida entusiasmada dos cariocas. E contou mesmo.

Além de derrotado no primeiro jogo, o Santos foi para a segunda partida desfalcado de Pelé, que estava machucado. Almir jogou no lugar do craque. Para piorar, o Milan fez 2 x 0 no primeiro tempo e, durante o intervalo, um dilúvio desabou no Rio de Janeiro, transformando o gramado do Maracanã em um pântano.

Há diversas versões sobre o que aconteceu no vestiário naquele intervalo. Em seu livro de memórias "Eu e o futebol", publicado pela revista Placar, Almir confessou ter tomado uma "bola" no vestiário. Uma versão fantasiosa que correu diz que o Santos estava tão disposto a jogar o segundo tempo que voltou ao campo com menos de cinco minutos de intervalo. Os fatos desmentem a lenda: o intervalo santista durou mais que os 15 minutos previstos.

O fato é que o Santos voltou com tudo para o segundo tempo. Almir parecia possuído. O que se viu então foi uma das maiores viradas da história do Maracanã: o Santos fez quatro gols em 21 minutos, debaixo de um temporal de cinema e diante de mais de 130 mil torcedores, devolvendo o placar do jogo de Milão e adiando a finalíssima.

Dois dias depois, as equipes voltaram ao Maracanã para definir o campeonato. Diante de mais de 120 mil torcedores, o time brasileiro sagrou-se campeão ao derrotar os italianos por 1 x 0, com um gol de pênalti de Dalmo. Almir descreveu o lance no depoimento que deu à revista Placar:

> Lima fez um cruzamento pelo alto, eu estava mais ou menos ali pela marca do pênalti. Ia chegar um pouco atrasado na bola, mas tinha de tentar, tinha de acreditar em mim. Vi quando Maldini, desesperado, levantou o pé, tentando cortar o lançamento. Eu tinha de dar tudo ali naquele lance: meter a cabeça para levar um pontapé de Maldini, correr o risco de uma contusão grave, ficar cego, até mesmo morrer, porque o italiano vinha com vontade. Agora era ele ou eu. Meti a cabeça. Maldini enfiou o pé, eu rolei de dor no chão. O argentino Juan Brozzi não conversou: pênalti[39].

---

[39] Os depoimentos de Almir Pernambuquinho à revista Placar foram reunidos no livro "Eu e o futebol", pelo selo Biblioteca Esportiva Placar, em 1973, com prefácios de João Saldanha e Fausto Neto.

No mesmo depoimento, Almir garantiu que o juiz estava na gaveta. Segundo o jogador, o vice-presidente do Santos, Nicolau Moran, teria dito ainda no vestiário: "Você é rei lá dentro, Almir. Faz o que quiser. O juiz não vai fazer nada"[40].

Almir Pernambuquinho, protagonista de pelo menos três jogos marcantes na história do Maracanã, morreu aos 35 anos, no dia 6 de fevereiro de 1973. Foi assassinado em uma briga no bar Rio-Jerez, em Copacabana. O fato que desencadeou o crime é controverso.

O escritor Mário Prata, que estava no bar e testemunhou o crime, garante que Almir foi assassinado porque defendeu dançarinos do grupo Dzi Croquetes. Os bailarinos foram achincalhados por três portugueses por estarem maquiados depois da saída de um espetáculo. Almir reagiu às ofensas e começou um bate-boca, que descambou para pancadaria e tiroteio. O português Arthur Soares estava armado e alvejou Almir. Outra versão diz que Almir é que teria ofendido os dançarinos. O fato é que mais de trinta tiros foram dados no bar. Um amigo de Almir, o comerciante Alberto Russo, que estava armado, também morreu. Garantindo que Almir morreu mesmo por defender os bailarinos, Mário Prata cunhou uma frase definitiva sobre o ocorrido: "Esta história tem um lado bonito, um machão como ele morrer defendendo um grupo gay".

---

[40] Idem.

GOLS DE PLACA

O GOL MAIS BONITO QUE PELÉ FEZ no Maracanã, na opinião do próprio e de quem estava no estádio, aconteceu no dia 5 de março de 1961, em um jogo entre Santos e Fluminense, válido pelo Torneio Rio-São Paulo daquele ano. Aos 40 minutos do primeiro tempo, Pelé recebeu um passe de Dalmo, passou como quis por Pinheiro, Clóvis e Altair, enganou Jair Marinho e bateu no canto direito de Castilho.

Entusiasmado com o gol, o jovem repórter Joelmir Betting tirou dinheiro do próprio bolso e mandou fazer uma placa com os seguintes dizeres: "Neste estádio, Pelé marcou no dia 5 de março de 1961 o tento mais bonito da história do Maracanã". Não há qualquer imagem do 'gol de placa de Pelé'. A expressão passou a consagrar qualquer golaço feito a partir de então. A dúvida persiste e é rigorosamente insanável: o gol de Pelé foi o mais bonito da história do estádio?

Há quem ache que um dos gols mais bonitos da história do Maracanã foi marcado por Fio Maravilha, centroavante do Flamengo, em um jogo do time da Gávea contra o Benfica de Portugal, em 1972, pelo Torneio Internacional de Verão. Fio driblou toda a zaga do Benfica, passou pelo goleiro José Henrique e poderia entrar com bola e tudo, mas preferiu rolar a redonda para dentro do gol. O cantor e compositor flamenguista

Jorge Ben Jor estava no Maracanã. Impressionado, saiu do estádio e começou a compor a música "Fio Maravilha", descrevendo o lance:

> Sacudindo a torcida aos 33 minutos do segundo tempo / Depois de fazer uma jogada celestial em gol / Tabelou, driblou dois zagueiros / Deu um toque, driblou o goleiro / Só não entrou com bola e tudo / Porque teve humildade em gol / Foi um gol de classe / Onde ele mostrou sua malícia e sua raça / Foi um gol de anjo, um verdadeiro gol de placa/ E a magnética agradecida assim cantava / Fio maravilha, nós gostamos de você/ Fio maravilha, faz mais um pra gente ver[41].

Outro sério candidato a título de 'gol de placa' do Maracanã foi marcado por Roberto Rivelino, no jogo Fluminense 1 x 0 Vasco, pelo Campeonato Carioca de 1975. Logo aos 20 minutos do primeiro tempo, Rivelino recebeu um passe de Manfrini e parou na frente de Alcir Portela. Diante de um Alcir plantado como um judoca esperando o início da luta para dar o bote, Rivelino deu um elástico, seu drible característico, e enfiou a bola por debaixo das pernas do vascaíno. O tricolor passou ainda por Renê e Celso, ajeitou pra canhota e colocou a bola entre Andrada e a trave.

Mais um candidato é o gol que Roberto Dinamite fez no Vasco e Botafogo pelo Campeonato Carioca de 1976. O lance de Roberto incluiu uma matada no peito dentro da área, depois de cruzamento de Zanata, um lençol com requintes de crueldade no zagueiro Osmar e um voleio devastador na cara do goleiro Wendell, sem deixar a bola quicar. Aí foi só correr para comemorar com os vascaínos da geral. Tudo isso

---

[41] A música "Fio Maravilha" virou "Filho Maravilha" em virtude de uma questão jurídica. Os advogados de Fio procuraram Jorge Ben Jor e a Justiça para saber se o jogador tinha algum tipo de direito sobre a música. O compositor, diante disso, preferiu a mudança. Fio deu entrevista sobre o fato para a Folha de S. Paulo, edição de 17/04/1994.

aconteceu, diga-se, aos 45 minutos do segundo tempo e selou a vitória vascaína por 2 x 1.

Outros gols de pura arte podem figurar na lista dos gols de placa que encantaram o Maracanã. O de Geraldo, por exemplo, ponta do Botafogo que em jogo contra o Vasco, em 1982, partiu do meio-de--campo, deu um drible da vaca em Celso (a meia-lua, como dizem os cariocas sobre a artimanha de jogar a bola por um lado do adversário e pegar correndo pelo outro), mais um drible da vaca em Serginho e bateu da intermediária, encobrindo o adiantado goleiro Mazaropi.

Ou ainda o de Mendonça, também do Botafogo, que fez um gol no jogo contra o Flamengo pelas quartas de final do Campeonato Brasileiro de 1981 depois de matar no peito, dar um drible seco que deixou o flamenguista Júnior totalmente perdido no gramado e colocar a bola na saída de Raul. O Botafogo bateu o Flamengo por 3 x 1.

Washington, do Fluminense, parecia desengonçado, mas era chegado a fazer gols espetaculares. Fazem parte do repertório um em que driblou meio time do Vasco e um voleio espetacular contra o Flamengo. Marcão, do Fluminense, acertou uma bicicleta de manual em um jogo contra o Botafogo.

Gols de placa, além de critérios objetivos, vivem no terreno das afetividades. É provável que cada torcedor tenha o seu e não há quem possa negar a justeza da escolha. O tema rende boas conversas de botequim.

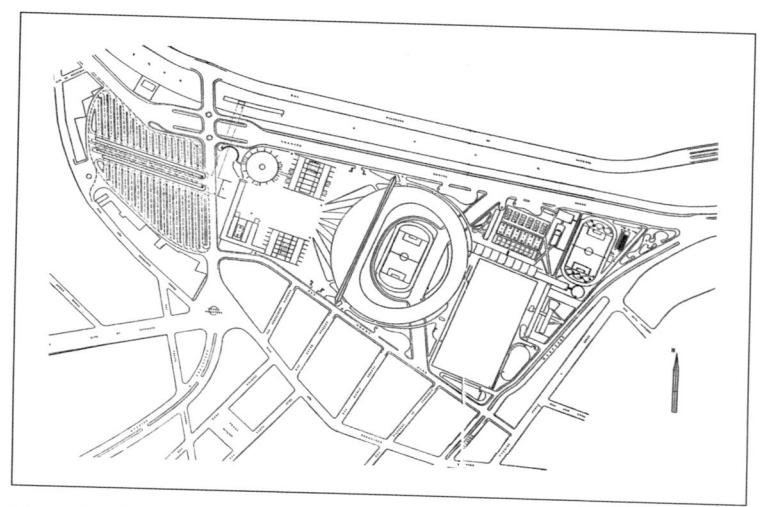

Planta detalhada do projeto do Centro de Atletismo de Oscar Niemeyer, criticado posteriormente pelo próprio autor: "Naquele tempo, a ideia que tínhamos da arquitetura do estádio de futebol era fazer uma única arquibancada do lado em que o sol não batesse na cara do espectador. Depois de começar a frequentar estádios, vi como era importante existir também arquibancadas do outro lado" (Papadaki, 1950, p. 36-7).

Início das obras para a construção do Maracanã. Ao fundo, a Favela do Esqueleto, que se transformou rapidamente em uma das maiores da cidade, praticamente se juntando ao vizinho Morro da Mangueira.

MINISTÉRIO DA CULTURA
GABINETE DO MINISTRO

PORTARIA n° 380, de 26 de setembro de 2000.

O MINISTRO DE ESTADO DA CULTURA, no uso das atribuições que lhe confere a Lei n° 6.292, de 15 de dezembro de 1975, e tendo em vista a manifestação do Conselho Consultivo do Patrimônio Cultural na sua 21ª reunião realizada em 13 de abril de 2000, resolve:

I - Homologar, para os efeitos do Decreto-Lei n° 25, de 30 de novembro de 1937, o tombamento do **Estádio Mário Filho**, conhecido como **Estádio Maracanã**, na Cidade do Rio de Janeiro, Estado do Rio de Janeiro, a que se refere o Processo n° 1.094-T-83.

II - Esta Portaria entra em vigor na data de sua publicação.

FRANCISCO WEFFORT

Processo iniciado em outubro de 1983, proposto pelo então secretário da Cultura do Ministério da Educação e Cultura, Marcos Vinicios Vilaça, o tombamento do Maracanã só será de fato confirmado em 26 de setembro de 2000, em homologação feita pelo então ministro da Cultura, Francisco Weffort. Apesar de tombado, em 2013 o IPHAN autoriza a demolição do Estádio de Atletismo Célio de Barros (1954) e do Parque Aquático Julio Delamare (1978), situados no entorno do Maracanã. A Defensoria Pública chegou a argumentar que o ginásio e o parque integravam o Estádio do Maracanã e que possuíam "vinculação a fatos memoráveis da história do Brasil", mas a demolição ocorreu assim mesmo.

Na página ao lado, vista aérea do Maracanã, com sua marquise. A marquise do Maracanã, também conhecida como anel superior, mesmo tombada pelo IPHAN foi demolida. Em 2013 o então superintendente do IPHAN, Carlos Fernando de Souza Leão Andrade, responsável pela autorização da demolição, foi denunciado pelo Ministério Público Federal (MPF), para o qual a demolição da marquise foi ilegal e descaracterizou o aspecto e a estrutura do Maracanã. A defesa solicitou a "suspensão condicional do processo", que foi aceita pelo MPF, e na sentença, de fevereiro de 2017, foi extinta a punibilidade do réu, já que ele cumpriu a condição para o sursis: foi denunciado por um crime cuja pena mínima era inferior a um ano, não havia condenação criminal anterior e não foi processado por outro crime durante dois anos.

AGÊNCIA O GLOBO

AGÊNCIA O GLOBO

As fotos da inauguração e dos jogos da Copa do Mundo de 1950 não deixam a menor margem para dúvida: o estádio não estava pronto. O jornalista João Máximo esteve na inauguração e relembrou que o Maracanã ainda tinha andaimes nas arquibancadas e a marquise estava sem o reboco. Levados em consideração os acabamentos não realizados e as propostas do projeto, o Maracanã só foi concluído de fato quinze anos depois, em 1965.

O Estádio do Maracanã foi oficialmente inaugurado no dia 16 de junho de 1950, com a presença do presidente da República, Eurico Gaspar Dutra (à esquerda na foto); do então prefeito da cidade, Mendes de Moraes; e do Cardeal D. Jaime de Barros Câmara. Acima, imagens da área externa do estádio e da entrada de torcedores no dia da inauguração.

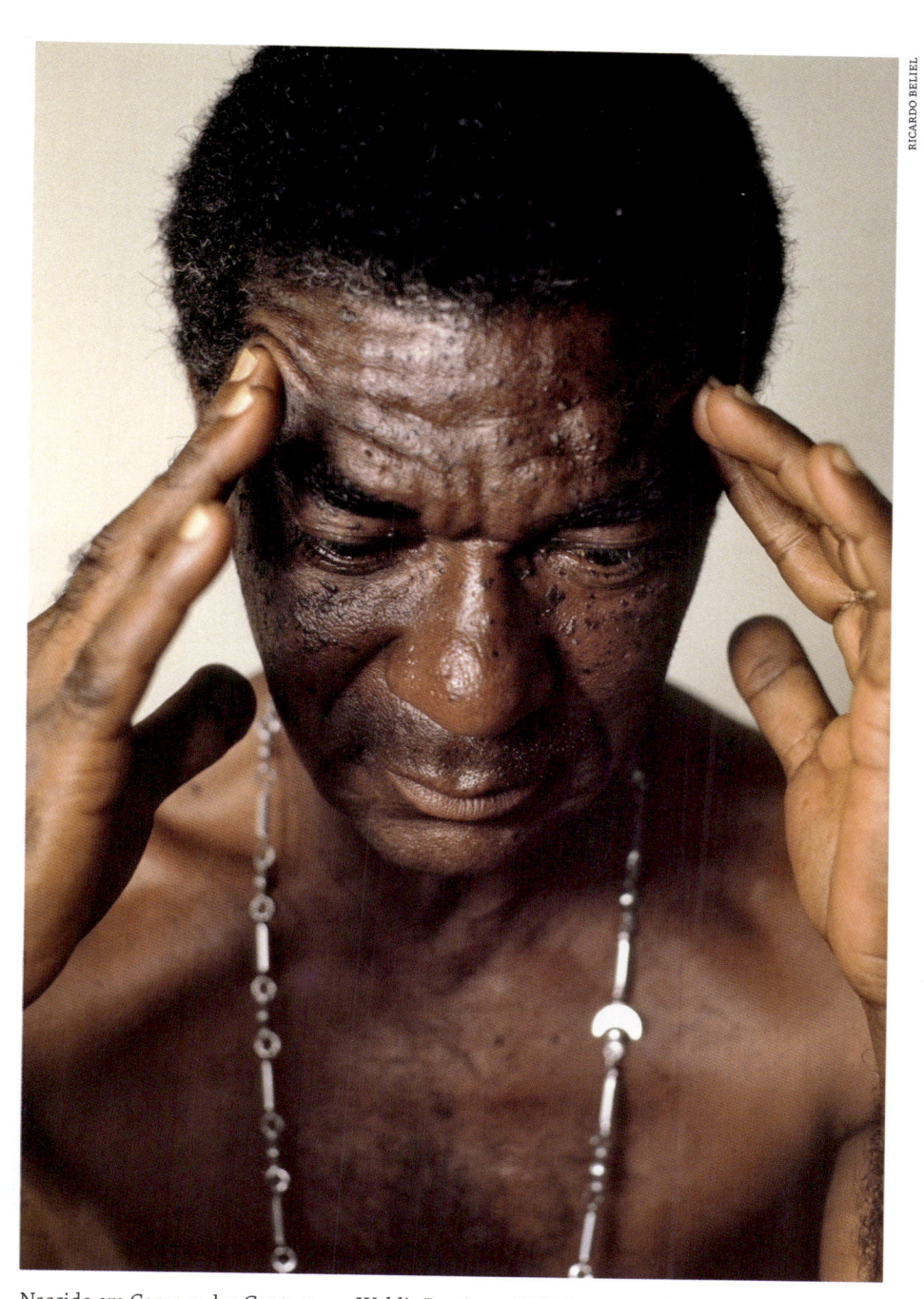

Nascido em Campos dos Goytacazes, Waldir Pereira, o Didi, jogava no Fluminense.
Oito anos depois de marcar o primeiro gol no Maracanã, na inauguração do estádio, foi o grande
comandante da Seleção Brasileira campeã mundial de 1958.

Castor de Andrade, homem forte do futebol banguense e banqueiro do jogo do bicho.

Pelé recebe homenagem após sua única partida jogando pelo Flamengo, em 6 de abril de 1979, contra o Atlético Mineiro. Quase 140 mil torcedores assistiram à vitória do Flamengo por 5 x 1.

Maradona em jogo pelo Boca Juniors contra o Flamengo no Maracanã. Abaixo, Zico, no mesmo jogo. No duelo dos craques, Zico levou a melhor, marcando os dois gols da vitória do Flamengo por 2 x 0.

Time do Flamengo que iniciou a segunda partida da final contra o Attlético Mineiro, em 1980. De pé: Toninho, Marinho, Raul, Manguito, Júnior e Carpegiani. Agachados: Tita, Andrade, Nunes, Zico e Júlio César.

Nunes comemora o terceiro gol do Flamengo, que deu o título ao rubro-negro.

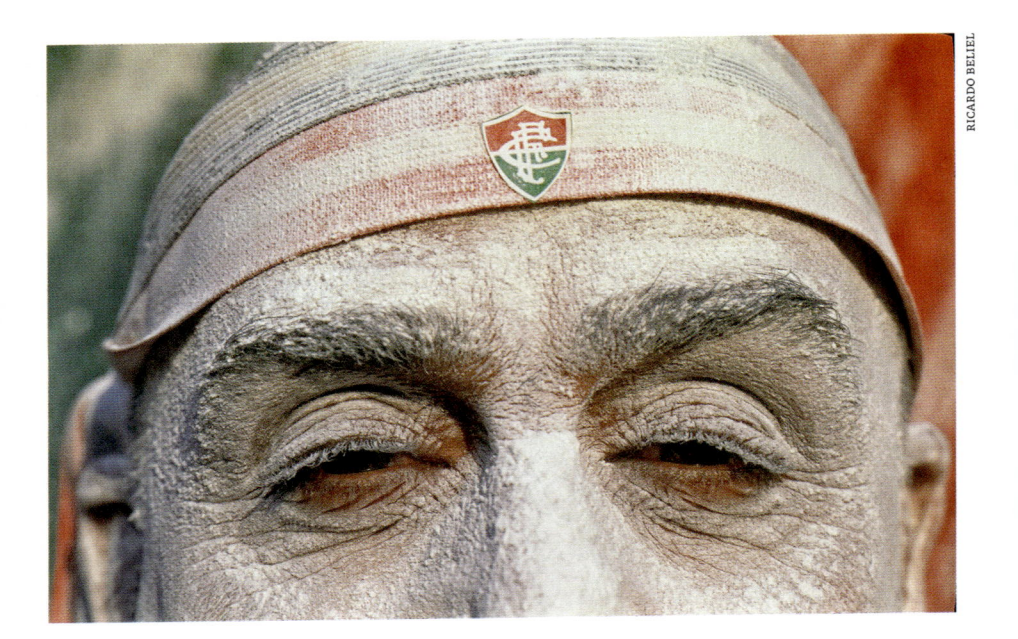

Guilhermino Destez Santos, mais conhecido como Careca do Talco, trajava uma camisa branca com o escudo do Fluminense, bandeira tricolor amarrada no pescoço como capa de super-herói e muito pó de arroz espalhado pelo corpo inteiro, do fio do cabelo inexistente aos pés.

O massagista e babalorixá Eduardo Santana, o Pai Santana — mineiro de Andrelândia, foi lutador de boxe e papou até os cinturões de campeão carioca e brasileiro na categoria meio-médio ligeiro. Começou a exercer a função de massagista no Vasco em 1953.

Acima, torcedor do alvinegro durante jogo no Maracanã. À direita, Delneri, torcedor que estampa pelo corpo sua paixão pelo Botafogo.

RICARDO BELIEL

Charangas, precursoras
das torcidas organizadas.

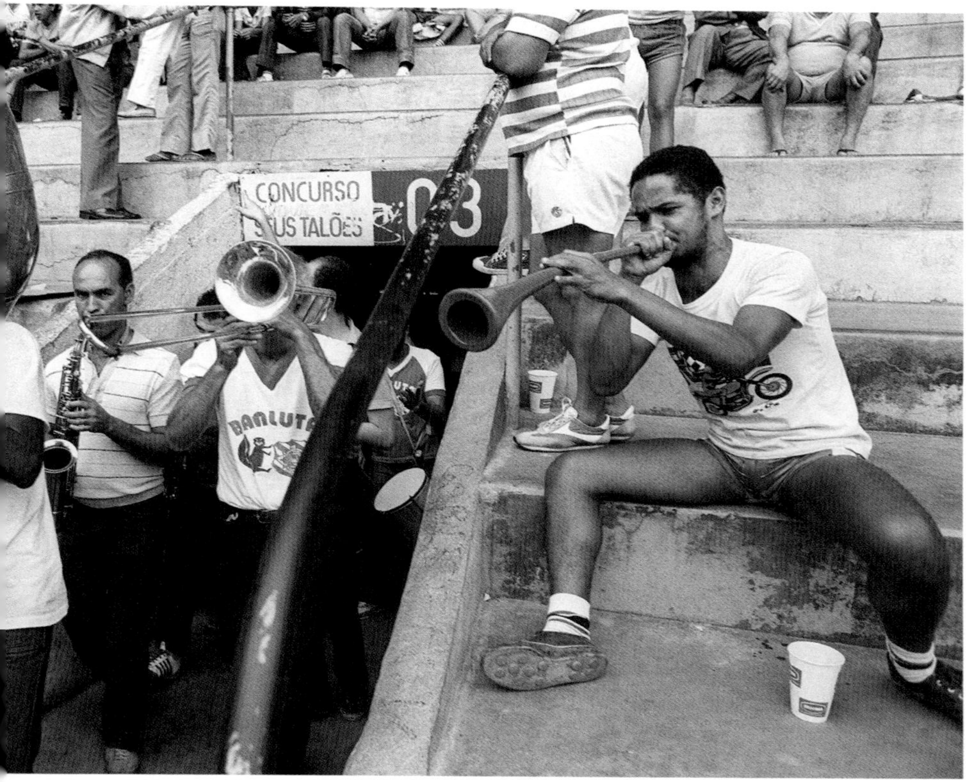

RICARDO BELIEL

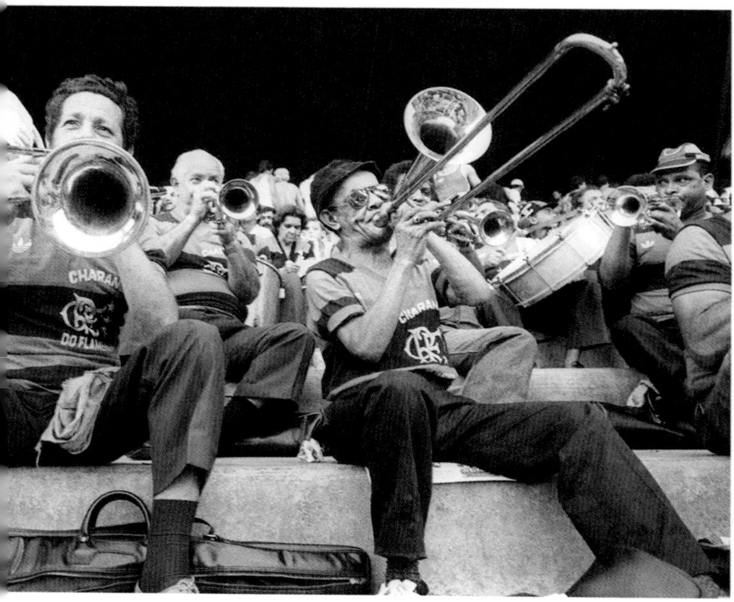

RICARDO BELIEL

Invasão corintiana, em dezembro de 1976, para assistir à semifinal do time paulista contra o Fluminense no Maracanã. Considerado o maior deslocamento de torcedores do futebol brasileiro.

Time do Vasco campeão carioca de 1987, na vitória contra o Bangu pela semifinal por 4 x 0. De pé: Acácio, Paulo Roberto, Fernando, Donato, Henrique e Mazinho. Agachados: Tita, Geovani, Roberto Dinamite, Luís Carlos e Romário.

Elói, camisa 10 do Botafogo.

Mané Garrincha, um índio fulni-ô de pernas tortas, com sua filha. Abaixo, Zico.

A dupla dinâmica Assis e Washington,
o "Casal 20" das Laranjeiras.

RICARDO BELIEL

RICARDO BELIEL

Da esquerda pra a direita: Figueiredo, Andrade, Leandro, Zico e Júnior.

Flamengo x River Plate pela Libertadores de 1981.

Roberto Dinamite e Zico.

Acima, Romário atuando pelo Flamengo. À direita, Bebeto no Flamengo, Romário no Vasco.

Arnaldo Cesar Coelho
em jogo no Maracanã.

A geral e os geraldinos.

RICARDO BELIEL

RICARDO BELIEL

RICARDO BELIEL

RICARDO BELIEL

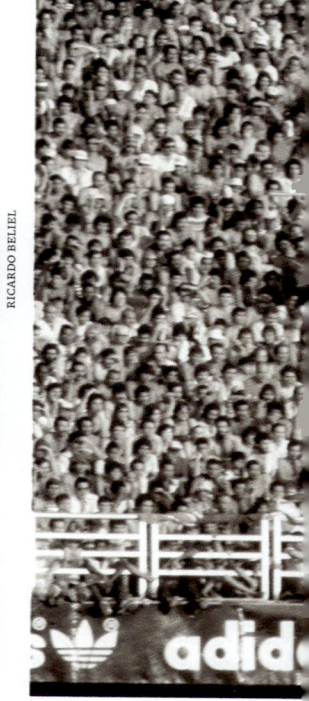

RICARDO BELIEL

RICARDO BELIEL

Vista geral do Maracanã, antes
da derrubada da marquise.

RICARDO BELIEL

A nova arena, ou ex-Maracanã.

Vista aérea do novo Maracanã, após a derrubada das marquises.

O MILÉSIMO GOL

PELA CONTAGEM OFICIAL AMPLAMENTE DIVULGADA pela imprensa, Pelé havia marcado 998 gols até o dia 14 de novembro de 1969, véspera do feriado da Proclamação da República. Naquele dia, o Santos jogaria contra o Botafogo da Paraíba, em João Pessoa, em partida amistosa de reinauguração do Estádio José Américo de Almeida. A expectativa pelo milésimo gol era enorme.

Com a bola rolando, o Santos dominou facilmente o jogo e abriu 3 x 0. Um dos gols foi de Pelé, em cobrança de pênalti. O que se viu a partir daí foi inusitado. Parte da torcida do Botafogo passou a torcer descaradamente para sair o milésimo gol do craque. A impressão que dava é que os próprios jogadores do time paraibano viviam essa expectativa. A espera pelo milésimo gol foi interrompida quando Jairzão, goleiro santista, alegou uma contusão e pediu pra sair. Como o Santos estava sem goleiro reserva, quem assumiu o lugar de Jairzão foi simplesmente ele: Pelé.

Aparentemente, o jogador não quis marcar o milésimo gol em João Pessoa, guardando o tento para algum jogo futuro. Foi vaiadíssimo pela torcida quando se dirigiu para o gol, assim como o técnico Antoninho. Bastou, entretanto, a primeira defesa para que o Rei fosse aplaudido. Pelé gostava de agarrar nos treinos e era considerado mesmo um arqueiro razoável.

Dois dias depois, o Santos enfrentou o Bahia na Fonte Nova, pelo torneio Roberto Gomes Pedrosa, o "Robertão". A partida foi bem disputada e terminou empatada em 1 x 1. O lance quase capital aconteceu na metade do segundo tempo: Pelé tabelou com Manuel Maria, passou por Eliseu e por Baiaco, driblou o goleiro Jurandir e tocou para o gol. O milésimo seria um golaço se não aparecesse o zagueiro Nildo "Birro Doido", que salvou a meta baiana quando a bola já parecia querer beijar a rede.

A expectativa do milésimo gol ficou então para o próximo jogo: Santos e Vasco, realizado no Maracanã na noite de 19 de novembro de 1969, diante de pouco mais de 65 mil pagantes. A partida também valia pelo "Robertão" daquele ano.

O jogo foi morno. Benetti abriu o placar para o Vasco aos 16 minutos do primeiro tempo. O Santos empatou com um gol contra de Renê, aos 10 da segunda etapa. Aos 33 minutos, Pelé dividiu a bola com o zagueiro Fernando na área vascaína e o árbitro Manoel Amaro de Lima não teve dúvidas: trilou o apito cheio de convicção e anotou a penalidade máxima. Analisando o lance em vídeos facilmente encontráveis na internet, é difícil achar pênalti na trombada de Pelé com o zagueiro.

Depois de alguma reclamação vascaína, Pelé se preparou e bateu no canto esquerdo do goleiro argentino Andrada. O arqueiro pulou pro canto certo, por pouco não defendeu a cobrança e ficou dando socos na grama, revoltado porque achou — e já tinha declarado — que tomar o milésimo do Rei macularia sua carreira e o marcaria para sempre.

Fotógrafos e repórteres invadiram o campo, Pelé correu para pegar a bola no fundo das redes, vestiu uma camisa com o número 1.000, oferecida pelo Vasco, e fez um discurso enquanto era carregado nos ombros:

> Neste momento em que toda a Terra está com a atenção voltada para mim, eu peço que todas as pessoas do mundo, principalmente do Brasil, tenham o maior carinho com os pobres, principalmente as crianças. Pensem no Natal dos pobres, pensem nas criancinhas [42].

O discurso frustrou os mais politizados. Eles imaginavam talvez alguma declaração que, mesmo de forma indireta, se referisse ao período de exceção que o Brasil vivia, sobretudo após o lançamento do Ato Institucional nº 5 pela ditadura militar, em dezembro de 1968. Pensar nas criancinhas não era exatamente a declaração que os mais aguerridos críticos do regime esperavam.

O curioso nessa história toda é que, na edição do dia 14 de maio de 1995, a Folha de São Paulo veio com uma matéria do repórter Valmir Storti afirmando que o milésimo gol de Pelé não foi marcado no Maracanã. Após escarafunchar os arquivos para contabilizar os gols de Pelé, a reportagem descobriu um erro nas estatísticas de 1959. Naquele ano, Pelé marcou 127 gols em 103 jogos, atuando pelo Santos, pelas seleções brasileira e paulista e pelo time das Forças Armadas (à época, com 18 anos, o jogador servia o Exército).

A estatística usada para contabilizar os gols do rei, que computou gols em tudo quanto foi jogo, ignorou um tento marcado no jogo inaugural do Campeonato Sul-Americano Militar de 1959, em que o Brasil bateu o Paraguai por 4 x 1. Os jornais que cobriram o evento e a própria súmula da partida indicam que Pelé foi o autor do segundo gol brasileiro.

Levando-se em consideração o gol esquecido, o tento consagrador não teria ocorrido no Maracanã. A partida histórica teria sido em João Pessoa. Por capricho dos deuses, o milésimo saiu na partida em que Pelé, depois de marcar um gol de pênalti, acabou jogando como goleiro,

---

[42] Disponível em https://www1.folha.uol.com.br/fsp/esporte/fk1911199923.htm, acesso em outubro de 2020.

supostamente para não correr riscos de marcar o milésimo em um amistoso contra o Botafogo local.

O rigor estatístico, todavia, não conseguiu apagar da memória coletiva aquele Santos e Vasco realizado no dia 19 de novembro. No campo imaginário, onde os símbolos se projetam e os mitos ganham contornos exemplares para determinadas coletividades, coube ao Maracanã a honra de assistir ao milésimo gol do Rei do futebol. E coube a Pelé a honra de ter feito o milésimo gol no templo mais propício para a consagração: o Maracanã.

MARADONA E O PÉ DE EXU

PELÉ COSTUMA SER LEMBRADO PELOS GOLS extraordinários que fez e por aqueles que não conseguiu fazer. Na Copa do Mundo de 1970, há pelo menos três lances protagonizados pelo Rei que não resultaram em gol e acabaram entrando para a história do futebol: a cabeçada fulminante contra a Inglaterra, defendida de forma assombrosa por Gordon Banks; o drible do corpo no goleiro uruguaio Ladislao Mazurkiewicz, seguido de um arremate que passou raspando a trave charrua; e o chute do meio de campo contra a Tchecoslováquia na estreia do Brasil no torneio, com a bola saindo por capricho, enquanto o goleiro Viktor voltava correndo, perseguindo a própria angústia, e parecendo querer evitar o gol com os olhos.

O fato é que a tentativa de fazer o gol do meio de campo passou, no vocabulário dos boleiros, a ser acompanhada da máxima "o gol que Pelé não fez". Há quem diga, com bom humor, que seria mais correto dizer que é "o gol que só Pelé não fez", já que diversos jogadores conseguiram anotar tentos com chutes da altura do círculo central. Na história do Maracanã, porém, não foi Pelé, mas Maradona, que quase marcou um golaço nessas condições. Podemos dizer, portanto, que temos um estilo de gol que Pelé e Maradona não fizeram.

A primeira vez que Maradona jogou no Maracanã foi na Copa América de 1979. Naquela ocasião, com 18 anos de idade, o craque usou a camisa número 6 pelo selecionado argentino, em um jogo que terminou com a vitória do Brasil por 2 x 1. Zico e Tita marcaram os gols brasileiros e Hugo Coscia marcou para uma renovada Argentina, que do time campeão mundial de 1978 só jogou com Daniel Passarela, diante de cerca de 130 mil pessoas.

Dez anos depois, em 1989, de novo durante a disputa da Copa América, Maradona jogou no Maracanã com a camisa argentina, mas trajando o número 10, que lhe caía com a naturalidade de uma segunda pele. Já era ali o craque consagrado que nas narrativas boleiras disputava com Pelé o título de maior jogador da história do futebol, especialmente depois de levar a Argentina ao título mundial de 1986 com atuações sublimes, em especial no jogo das quartas de final contra a Inglaterra. Naquela partida, marcada pela rivalidade entre os dois países apimentada pela Guerra das Malvinas, Maradona marcou dois gols. Um deles foi com a mão. Indagado no final da partida sobre a irregularidade, o craque respondeu aos jornalistas: "Lo marqué un poco con la cabeza y un poco con la mano de Dios". O outro gol é provavelmente o mais bonito da história das Copas do Mundo. Maradona colou a bola no pé esquerdo e, como um azougue, driblou meio time da Inglaterra, antes de rolar para o gol vazio.

No jogo da Copa América de 1989 contra o Uruguai, pelo quadrangular final do torneio (com todos os jogos disputados no Maracanã), a Argentina corria atrás do resultado depois de ter sido derrotada pelo Brasil, que acabou sagrando-se campeão da copa, na primeira rodada. Aos 33 minutos do primeiro tempo, Maradona matou uma bola na cocha na altura do círculo central, já no campo de ataque, e bateu de canhota contra o gol do arqueiro Zeola. A bola explodiu no travessão.

A reação imediata dos torcedores brasileiros (o jogo era a preliminar de Brasil X Paraguai) foi a de aplaudir o argentino, enquanto

Maradona socava o gramado, inconformado com o capricho da redonda se chocando contra o travessão. A Argentina acabou perdendo o jogo por 2 x 0.

Eu estava naquela noite no Maracanã e a impressão que tive, compartilhada com outros torcedores na arquibancada, misturou o assombro com a jogada inusitada e o lamento pelo gol que não ocorreu. A maneira como Maradona matou a bola e, surpreendentemente, arrematou contra o arco uruguaio lançou-nos numa espécie de espiral do tempo. Ainda guardo nitidamente a sensação da bola voando, como se aquele lance de três segundos tivesse se desenrolado durante bons minutos.

Quando a notícia da morte de Maradona, em novembro de 2020, foi divulgada, lembrei-me do gol que não ocorreu na Copa América de 1989, no Maracanã, e dos dois gols de Maradona contra a Inglaterra, na Copa de 1986. O futebol de Diego Armando Maradona, no fim das contas, foi um túmulo de ateus e uma elegia ao assombro. Com ele, o pé canhoto de Exu viveu mesmo no corpo da mão de Deus.

O FLAMENGO DO ZICO E DO GERDAU

NAS PESQUISAS PARA A ELABORAÇÃO DESTE LIVRO, conversei com torcedores de diversas faixas etárias para saber quais foram os grandes times de seus respectivos clubes da era do Maracanã.

Entre os flamenguistas, há praticamente um consenso: apesar do timaço do tricampeonato nos anos 1950, o grande Flamengo do Maracanã foi o da geração do final dos anos 1970 e do início da década de 1980. Há certo imaginário comum sobre os anos de ouro do rubro-negro. O marco simbólico do início do apogeu teria sido o Campeonato Carioca de 1978 e o título conquistado em um jogo contra o Vasco com um gol de cabeça do zagueiro Rondinelli, aos 41 minutos do segundo tempo.

O gol de Rondinelli tem um detalhe inusitado. Com o Flamengo no sufoco — ninguém tinha marcado ainda e o empate daria ao Vasco o título do segundo turno do campeonato e forçaria uma final exatamente contra o Fla, campeão da Taça Guanabara —, o escanteio foi batido por Zico, que quase nunca fazia isso. Rondinelli veio caminhando da defesa como quem não quer nada, acelerou o passo, subiu mais alto que o zagueiro Abel, fulminou Leão com a testada certeira e saiu dando cambalhotas para comemorar com os geraldinos. Por pouco não se jogou no fosso.

O apogeu propriamente dito se localiza entre 1980 e 1983; período em que o Flamengo obteve seus feitos internacionais mais significativos — a primeira conquista da Libertadores da América e a do Mundial Interclubes de 1981 — e ganhou três campeonatos brasileiros, os de 1980, 1982 e 1983. A taça de 1982, conquistada contra o Grêmio, foi erguida no Estádio Olímpico de Porto Alegre. No jogo do Maracanã, o primeiro da final, um gol de Zico no último lance garantiu o empate de 1 x 1. Nos triunfos nacionais de 1980 e 1983, os jogos finais foram realizados no Maracanã, contra, respectivamente, Atlético Mineiro (3 x 2) e Santos (3 x 0), diante de multidões espremidas no estádio.

O jogo contra o Atlético, que tinha vencido a primeira partida da final no Mineirão por 1 x 0, teve ares de epopeia. Reinaldo, o centroavante do Galo, quase colocou água no chope da festa rubro-negra, fazendo dois gols. O segundo foi marcado com o craque já contundido, mancando em campo e sendo chamado de bichado pela torcida flamenguista. Reinaldo acabou expulso pelo árbitro José de Assis Aragão, que acusou a cera do jogador e "ofensas morais". Até hoje, o centroavante jura que não fez nada para ter tomado o cartão vermelho. O Flamengo marcou o gol do título na reta final do jogo, com Nunes — homem de área não muito chegado a lances de habilidade — driblando o zagueiro Silvestre e batendo quase sem ângulo para vencer o goleiro João Leite.

A vitória contra o Santos em 1983 foi obtida com mais facilidade: o 3 x 0 devolveu com sobras o resultado do primeiro jogo da final, em São Paulo, vencido pelos santistas por 2 x 1. No final do jogo no Maracanã, logo depois do terceiro gol — um peixinho de Adílio após jogada endiabrada do ponteiro Robertinho —, iniciou-se grossa pancadaria, com Serginho Chulapa, centroavante santista, distribuindo sopapos a granel.

Nas diversas finais e nos jogos menos importantes que o Fla disputou no Maracanã naquela década de 1980, a força da torcida rubro-negra, ampla maioria na cidade do Rio de Janeiro, se destacou. O gigante de cimento, território funcional, parecia terreiro encantado pela massa vestida com as cores de Exu, orixá da comunicação e da imprevisibilidade das encruzilhadas. O Maraca se transformava em um alçapão vermelho e preto.

A chegada dos torcedores flamenguistas nos trens lotados que vinham dos subúrbios e da Baixada Fluminense era um espetáculo à parte, amplamente documentado em imagens. Abertas as portas do trem na estação do Maracanã, a multidão tomava a plataforma e as passarelas próximas ao estádio em um movimento coletivo que parecia transformar cada torcedor em peça de um quebra-cabeças montado em poucos segundos.

É possível que o torcedor símbolo da história do Flamengo tenha sido Jayme de Carvalho, que, em 1942, antes do Maracanã, criou a Charanga e praticamente inventou o que entre nós seria uma torcida organizada. Se o Flamengo é vermelho e preto como Exu, entretanto, não há torcedor nos tempos do Maracanã, e em especial na fase áurea do Fla, que tenha encarnado mais a mística que unia time e torcida numa coisa só do que Gerdau, uma das figuras mais populares da geral do estádio.

Não importava o jogo, Gerdau chegava na geral imbuído de uma missão: dar ordens para o time do Flamengo, aos berros, com a certeza fulminante dos profetas. Nos escanteios, Gerdau indicava como a cobrança deveria ser feita. Se não saísse o gol, a explicação era evidente: "Não fizeram o que mandei". Se saísse, mesmo que em jogada absolutamente distinta da que Gerdau cantara aos berros, não havia dúvidas: "Eu disse! Eu falei!". Senhor da palavra, orixá da comunicação, quem ousaria dizer que Exu não estava ali, encarnado no vermelho e preto da camisa, na saliva e nos berros de Gerdau?

O FLUMINENSE DO CARECA DO TALCO

OS TRICOLORES QUE RESPONDERAM À PERGUNTA sobre o grande Fluminense do Maracanã se dividem entre dois times: a Máquina Tricolor do presidente Francisco Horta, bicampeã carioca nos anos de 1975 e 1976; e o time tricampeão carioca e campeão brasileiro do início dos anos 1980, com destaques para a dupla dinâmica Assis e Washington, o "Casal 20" das Laranjeiras, e para o paraguaio Romerito.

A Máquina Tricolor era capitaneada por Rivelino, comprado por 400 mil dólares do Corinthians; à época, uma fortuna. Em 1975, o time ganhou o Campeonato Carioca, derrotou o poderoso Bayern de Munique em amistoso no Maracanã e chegou à semifinal do Campeonato Brasileiro, com a base formada por: Félix; Toninho, Silveira, Edinho e Marco Antônio; Zé Mário, Paulo César Caju e Rivelino; Gil, Manfrini e Zé Roberto. O Flu esbarrou, entretanto, no timaço do Internacional de Porto Alegre, de Manga, Figueroa, Carpegiani, Falcão, Waldomiro, Flávio e Lula. O Inter bateu a Máquina por 2 x 0, em pleno Maracanã, e sagrou-se campeão na final contra o Cruzeiro.

Para 1976, Horta resolveu reformular o time com uma audaciosa ideia: propor um troca-troca com o Flamengo. Chegaram da Gávea o goleiro Renato, o lateral Rodrigues Neto e o centroavante argentino

Doval. O goleiro Roberto, o lateral Toninho Baiano e o ponta Zé Roberto foram para o Flamengo. A base tricolor era, no papel, praticamente imbatível: Renato; Carlos Alberto Torres, Edinho, Miguel e Rodrigues Neto; Carlos Alberto Pintinho, Paulo César Caju e Rivelino; Gil, Doval e Dirceu. O time se tornou campeão carioca derrotando o Vasco na final diante de mais de 127 mil pessoas, com um gol de cabeça de Doval no último minuto da prorrogação. O sonho maior de Horta, entretanto, era o Campeonato Brasileiro.

Como no ano anterior, o Fluminense chegou às semifinais do campeonato. Se o adversário de 1975 foi o Internacional, com um timaço incontestável, o de 1976 parecia bem mais fácil: o Corinthians, mergulhado em um jejum de 22 anos sem títulos em São Paulo e com elenco unanimemente reconhecido como mais fraco que o do tricolor. A vaga na final seria disputada em apenas uma partida, no Maracanã.

Assim que a semifinal ficou estabelecida, Horta resolveu promover o jogo e aceitou dividir a carga de ingressos com Vicente Mateus, o presidente corintiano. Ainda desafiou nas rádios e TVs: "Que os vivos saiam de casa e os mortos saiam das tumbas para torcer pelo Corinthians no Maracanã, porque o Fluminense vai ganhar a partida". A declaração de Horta teve efeito fulminante. Vicente Mateus aceitou a provocação, e a imprensa paulista repercutiu o desafio.

A quantidade de carros particulares, motocicletas, ônibus e até bicicletas que atravessaram a Rodovia Presidente Dutra entre os dias 3 e 5 de dezembro, data do jogo, permanece insuperável. O Departamento Nacional de Estradas e Rodagens chegou a montar a "Operação Corinthians" para dar conta do tráfego entre as duas maiores cidades do país. Só a Gaviões da Fiel, a maior torcida organizada corintiana, lotou 300 ônibus para o jogo.

O fuzuê corintiano foi formidável. A Avenida Brasil parada, a praia de Copacabana lotada de paulistas e a festa nos arredores do Maracanã marcaram o domingo quente às vésperas do verão carioca. Há quem diga que, dos 146 mil pagantes no Maracanã, havia uns 70 mil corintianos. É difícil cravar qualquer previsão sobre quantos deles saíram de São Paulo para assistir ao jogo. O número de cariocas que foi ao estádio torcer para o Corinthians não foi nada desprezível[43].

No dia anterior ao jogo, o Corinthians contratou um pai de santo para garantir as benesses espirituais das entidades ao elenco. O pai de santo acabou fazendo uma sessão de macumba no hotel em que a delegação estava hospedada, com direito a charuto e cachaça. O lateral-esquerdo Wladimir, em depoimento concedido para o documentário "1976 — O ano da invasão corinthiana", revela que o centroavante Geraldão, que não frequentava terreiros, recebeu um caboclo e deu passes em alguns jogadores. Houve jornalista que também bolou pro santo na gira improvisada.

Perto da hora do jogo, desabou um dilúvio digno do Antigo Testamento no Rio de Janeiro. O Fluminense, um time bem mais técnico que o do Corinthians, abriu o placar com um gol de Carlos Alberto Pintinho. O Corinthians empatou ainda na primeira etapa, com um gol do meio-campista Russo. O segundo tempo foi disputado em um gramado impraticável, mais propício ao polo aquático que ao futebol. O empate se manteve. Na disputa de pênaltis para a definição do finalista, deu Corinthians. O goleiro Tobias foi o herói alvinegro, defendendo as cobranças de Rodrigues Neto e Carlos Alberto.

---

[43] A invasão corintiana está retratada no documentário "1976 — O ano da invasão corinthiana", dos diretores Alexandre Boechat e Ricardo Aidar. O filme conta com relatos de personagens do jogo — como os tricolores Rivelino e Carlos Alberto Torres, e os corintianos Zé Maria, Wladimir, Geraldão, Basílio, Tobias e Givanildo Oliveira —, além de reproduzir a viagem feita por um grupo de corintianos que participou da invasão do Rio de Janeiro em dezembro de 1976.

O título brasileiro que o esquadrão de Francisco Horta não alcançou veio em 1984, com a equipe treinada por Carlos Alberto Parreira. O campeonato foi vencido pelo Flu depois de dois jogos contra o Vasco realizados no Maracanã — vitória de 1 x 0 no primeiro jogo e empate sem gols na partida final. Foi o ponto máximo da geração que ganhou o tricampeonato carioca em 1983, 1984 e 1985. O time que entrou em campo para o jogo final do Brasileiro foi escalado com: Paulo Vítor; Aldo, Duílio, Ricardo Gomes e Branco; Jandir, Delei e Assis; Romerito, Washington e Tato.

O título carioca de 1983 veio depois de um triangular final contra Flamengo e Bangu. O tricolor empatou com o Bangu — 1 x 1 — e derrotou o Flamengo no segundo jogo, com um gol de Assis no apagar das luzes. Como o Flamengo bateu o Bangu por 2 x 0, o Flu levou o caneco. Em 1984, o triangular final foi disputado entre Fluminense, Flamengo e Vasco. Flu e Fla bateram o time da cruz de malta e chegaram ao jogo final em igualdade de condições. Com um gol de cabeça de Assis, que consolidou a fama de carrasco do rubro-negro, o título parou nas Laranjeiras.

O título de 1985 é o mais controvertido. Como em 1983, o triangular final juntou Fluminense, Flamengo e Bangu. O Fla-Flu terminou empatado, 1 x 1, com um gol de Leandro, do Flamengo, em um tirambaço de canhota da intermediária no último lance do jogo. O Bangu bateu o Fla por 2 x 1 e chegou ao jogo final dependendo de um empate.

O time de Moça Bonita saiu na frente, com um gol de cabeça do ponta-direita Marinho. O tricolor empatou com Romerito e virou o jogo com um gol de falta do ponta-esquerda Paulinho. Quando a torcida do Flu já comemorava o título, aos 46 minutos do segundo tempo, o zagueiro Vica derrubou o atacante banguense Cláudio Adão dentro da área, com uma gravata similar a um golpe de judô.

Para a surpresa de todos, o árbitro José Roberto Wright não marcou o pênalti a favor do Bangu. O campo foi invadido pela comissão técnica e por seguranças de Castor de Andrade. O pau comeu. Wright expulsou três atletas banguenses, trocou meia dúzia de socos com os homens de Castor e saiu correndo para os vestiários. O Bangu tentou anular a partida na Justiça Desportiva, alegando "erro de direito". Não conseguiu e a taça ficou nas Laranjeiras.

Tendo sucesso ou fracassando nos gramados, a história do Fluminense no Maracanã se confunde com a de Guilhermino Destez Santos, mais conhecido como Careca do Talco. Trajando indefectível camisa branca com o escudo do Fluminense, bandeira tricolor amarrada no pescoço como capa de super-herói e muito pó de arroz espalhado pelo corpo inteiro, do fio do cabelo inexistente aos pés, Careca andava de um lado pro outro da arquibancada como cavalo de alguma entidade em transe, acompanhando a evolução da equipe no gramado.

A origem da ligação entre o Fluminense e o pó de arroz é duvidosa. Nos idos de 1914, época em que somente o Bangu utilizava explicitamente jogadores negros, o Fluminense trouxe do América o meia Carlos Alberto. A história oficial, reforçada por Mário Filho no clássico "O Negro no futebol brasileiro", diz que Carlos Alberto passava pó de arroz no corpo para esconder a pele escura e ser aceito sem controvérsias nas Laranjeiras. Em um jogo entre Fluminense e América, os americanos começaram a apupar Carlos Alberto com gritos de "pó de arroz" e a moda pegou.

O goleiro Marcos Carneiro de Mendonça, ídolo do tricolor naqueles tempos, apresentava outra versão para a história do pó de arroz. Segundo Marcos, Carlos Alberto não usava o pó de arroz para parecer branco nos tempos em que o racismo era escancarado no futebol, mas porque tinha o hábito de passar o talco no rosto após fazer a barba. O fato é que a torcida do Fluminense acabou se apropriando do pó de arroz. De xingamento pejorativo dos adversários, o talco inodoro passou a ser símbolo da equipe e marca registrada da torcida.

Com o processo de elitização dos estádios, o pó de arroz que a torcida do Fluminense costumava jogar para saudar a entrada do time no gramado foi proibido durante um bom tempo. Tricolores se mobilizaram para reverter o veto. Em 2008, os advogados Gabriel Machado e Gustavo Albuquerque conseguiram liminar na Justiça para a liberação do pó de arroz nos jogos do Fluminense na Taça Libertadores da América daquele ano.

Em 2010, o torcedor Eduardo Coelho solicitou, em ofício à Secretaria Municipal de Cultura do Rio de Janeiro, que o pó de arroz fosse declarado Patrimônio Cultural Carioca. Não deu certo, mas o argumento do torcedor para justificar a proposta merece a citação:

> Os torcedores do Fluminense assumiram a partir de certo momento a alcunha, fazendo do suposto estigma o próprio antídoto e uma das suas marcas máximas de identidade. Adotando o xingamento, reverteu-se o caráter pretensamente negativo da expressão, imprimindo-lhe uma conotação de orgulho e identidade coletiva. O 'pó de arroz' é de suma importância nas celebrações e festas da torcida do Fluminense Futebol Clube. São manifestações cênicas e lúdicas de inigualável beleza, que atravessam décadas e perpetuam-se através de várias gerações[44].

Careca do Talco, torcedor símbolo, de certa forma encarnou nas arquibancadas o que Carlos Castilho encarnou em campo: a alma tricolor. Castilho, titular do Fluminense por 18 anos, chegou a amputar parcialmente o dedo mínimo da mão esquerda para continuar defendendo o arco do Flu, em 1957. Jogou 702 vezes com a camisa do Fluminense, a maior parte delas no Maracanã, onde ganhou os títulos do Campeonato Carioca em 1951, 1959 e 1964.

---

[44] Disponível em http://cidadaofluminense.blogspot.com/2015/06/blog-post.html, acesso em 28 de julho de 2020.

O AMERICA DO SAUDOSO LAMARTINE

MONARCO DA PORTELA, compositor e cantor dos maiores, compôs certa feita um samba em homenagem ao time de coração, o America Football Club (sim, é America sem acentuação, já que o clube adota oficialmente a grafia em inglês). O título do samba — "America do saudoso Lamartine" — homenageia o grande compositor Lamartine Babo, o Lalá, autor de diversos hinos dos clubes de futebol do Rio de Janeiro e torcedor fanático do clube alvirrubro.

Existem diversas versões sobre como Lamartine fez os hinos cariocas. A mais famosa é a contada por Oswaldo Sargentelli, sobrinho de Lalá. Sargentelli afirmava que Lamartine recebera uma encomenda para fazer os hinos, mas não conseguia de forma alguma concluir o trabalho. Em virtude disso, foi praticamente sequestrado e trancado em um apartamento no Centro do Rio, com bebida e comida para apenas cinco dias. Dois seguranças foram encarregados de impedir a fuga de Lamartine antes que os hinos ficassem prontos. E assim o compositor compôs tudo em tempo recorde.

A história de Sargentelli é ótima, mas não procede. Em 1945, Lamartine compôs uma marcha carnavalesca para o Flamengo. O sucesso foi tanto que a marcha — "Uma vez Flamengo, sempre

Flamengo" — virou hino informal do rubro-negro até hoje. Em virtude do sucesso da marcha flamenguista, o radialista Heber de Bôscoli, que fazia o programa 'Trem da Alegria" na Rádio Nacional, com Lamartine e Yara Salles, propôs um desafio a Lalá: compor um hino por semana para os outros clubes de futebol do Rio. O compositor aceitou o desafio.

Lamartine mergulhou na tarefa proposta e, no final da década de 1940, os onze times que disputavam o Campeonato Carioca tinham seus hinos prontos. Para compor o hino do America, Lamartine baseou-se na melodia da canção norte-americana "Row, Row, Row", de William Jerome & Jimmie V., datada de 1912.

Nos tempos de Lamartine, o America colocou-se facilmente como um dos clubes grandes do Rio de Janeiro, a ponto de seu nome inspirar diversos outros Américas que surgiram pelo Brasil. O clube conquistou sete títulos cariocas (1913, 1916, 1922, 1928, 1931, 1935 e 1960). Apenas um deles, o de 1960, foi conquistado no Maracanã.

Além do campeão de 1960, outros grandes times do America na história do Maracanã foram o de 1950 (vice-campeão carioca, perdendo a final para o Vasco do Expresso da Vitória), o de 1955 (vice-campeão) e o de 1974 (Campeão da Taça Guanabara). Em 1982, o America ganhou o título do Torneio dos Campeões, organizado pela CBF para manter os clubes em atividade durante a disputa da Copa do Mundo da Espanha.

Sobre o título de 1960, o Campeonato Carioca naquele ano foi disputado por 12 clubes, que jogaram em turno e returno. O campeão seria o primeiro do recém-criado Estado da Guanabara, em virtude da transferência da capital do Brasil para Brasília durante o governo do presidente Juscelino Kubitschek.

Na final contra o Fluminense, o America formou com Ari; Jorge, Djalma Dias, Wilson Santos e Ivan; Amaro e João Carlos; Calazans, Antoninho (Fontoura), Quarentinha e Nilo. O técnico era Jorge Vieira. O Fluminense, treinado por Zezé Moreira, veio de Castilho;

Jair Marinho, Pinheiro, Clóvis e Altair; Edmílson e Paulinho (Jair Francisco); Maurinho, Waldo, Telê e Escurinho.

Diante de pouco mais de 98 mil pagantes, o Fluminense abriu o placar com um gol de Pinheiro. Com gols de Nilo, aos 4 minutos do segundo tempo, e Jorge, aos trinta e três minutos, o America virou o jogo e levou a taça para o bairro da Tijuca, sede do clube.

Um detalhe peculiar do título americano de 1960 é que o jogo final foi, pela primeira vez, transmitido ao vivo pela televisão por três canais: a TV Tupi, a TV Rio e a TV Continental. No ano seguinte, os jogos já não teriam mais transmissão direta, com o argumento de que a partida ao vivo tirava o público dos estádios.

Para comemorar o título do America, Lamartine Babo resolveu fantasiar-se de Diabo, com rabo, chifres e tridente, e saiu desfilando de carro, delirantemente aplaudido, pelas ruas do Centro e da Tijuca. A fantasia de Lamartine era baseada no diabinho que cartunista argentino Lorenzo Molas tinha desenhado na década de 1940, para ser o símbolo do clube. Seguindo Lamartine, centenas de torcedores americanos vestiram suas camisas inteiramente rubras, comandados pelo diabinho magricela e de bigode ralo em um carnaval fora de época.

Em 2006, quarenta e seis anos depois do título de 1960, o treinador Jorginho — evangélico e atleta de Cristo — iniciou campanha para que o diabinho deixasse de ser o símbolo do clube. A sugestão de Jorginho era a de substituir o capetinha por uma águia, similar à norte-americana. Não deu certo. Em 2015, o jornal O Globo noticiava, em edição do dia 30 de abril, que torcedores do América, depois de três eliminações seguidas do clube nas semifinais do Campeonato Carioca da série B, tinham resolvido novamente propor a substituição do diabinho — símbolo que daria azar ao clube — por um Capitão América.

Lamartine Babo, provavelmente, não concordaria.

O VASCO DO PAI SANTANA

OS VASCAÍNOS MAIS NOVOS COSTUMAM CITAR como grandes times do Vasco em tempos de Maracanã as equipes que ganharam os campeonatos cariocas de 1987 e 1988. O time de 1987 tinha uma linha de frente arrasadora: Geovani, Tita, Roberto Dinamite e Romário. A equipe de 1988 sagrou-se campeã com um gol do improvável herói Cocada, lateral-direito que entrou no fim do jogo, fez um golaço no último minuto contra o Flamengo, comemorou jogando a camisa dentro do túnel rubro-negro e foi expulso em meio a cenas de pugilato.

Há quem cite o campeão brasileiro de 1997 como um grande Vasco na história do Maracanã. A equipe entrou em campo para a partida decisiva contra o Palmeiras com: Carlos Germano; Válber, Odvan, Mauro Galvão e Felipe; Luisinho, Nasa, Juninho Pernambucano; Ramón, Edmundo e Evair.

Esse time de 1997 supera, no imaginário vascaíno, o que ganhou o Campeonato Brasileiro de 1974, o primeiro de um clube carioca dentro do Maracanã. Na final contra o Cruzeiro (2 X 1), o Vasco formou com Andrada, Fidélis, Moisés, Miguel e Alfinete; Zanata e Ademir; Jorginho Carvoeiro, Roberto Dinamite e Luís Carlos.

Como o futebol está longe de ser feito só de vitórias, alguns vascaínos têm afeição especial pelo corajoso time de 1981, que enfrentou o Flamengo no auge da geração de Zico, Leandro e Júnior e quase levou o Campeonato Carioca para São Januário.

Após ter vencido dois dos três turnos daquele estadual, o Flamengo paparia a taça contra o Vasco, que ganhou um turno, com um empate em qualquer uma das duas partidas da final. O time de São Januário surpreendeu e conquistou duas vitórias seguidas: 2 x 0 no primeiro jogo e 1 x 0 no segundo. Todos os gols foram de Roberto Dinamite. No terceiro jogo, com os times em igualdade de condições, o Flamengo fez 2 x 0 no primeiro tempo com gols de Nunes e Adílio. A torcida do Fla já contava com mais um caneco quando Ticão descontou para o Vasco, aos 38 minutos do segundo tempo.

Com a nau vascaína partindo pra cima da cidadela flamenguista, um torcedor rubro-negro, Roberto dos Passos Pereira, o Roberto Ladrilheiro, invadiu o gramado. O lateral vascaíno Gilberto deu uma rasteira de capoeirista no Ladrilheiro, a polícia entrou em campo e o fuzuê foi imediato. Os vascaínos até hoje acusam Ladrilheiro de ter saído do vestiário do Flamengo para entrar em campo e esfriar a reação da equipe. Ladrilheiro jurou que pretendia apenas pagar uma promessa. O fato é que um time com Mazaropi, Rosemiro, Serginho, Ivã, Gilberto, Dudu, Marquinho, Amauri, Ticão, Wilsinho, Roberto e Silvinho quase derrubou o elenco estrelado da Gávea.

Os vascaínos mais afeitos à história do clube, todavia, preferem considerar que a grande equipe da história do Vasco é a do Expresso da Vitória, o esquadrão que arrasou os adversários entre 1944 e 1952. O Expresso ganhou cinco campeonatos cariocas (1945, 1947, 1949, 1950 e 1952) e o campeonato Sul-Americano de Campeões, em 1948. O Maracanã, construído em 1950, pegou apenas os anos finais do timaço vascaíno de Barbosa, Augusto, Ely, Danilo, Jorge, Moacir, Chico, Maneca, Ademir de Menezes e outros.

Por ter sido o primeiro campeão carioca do Maracanã, aliás, o Vasco teve o direito de escolher o lado do estádio que seria ocupado por sua torcida. O clube escolheu o lado à direita das cabines de rádio, onde faz sombra nos jogos da parte da tarde.

O provável título mais marcante do Vasco da Gama no Maracanã é o de campeão carioca de 1958, ano em que foi necessária a realização de dois triangulares — chamados de supercampeonatos — para a definição do vencedor. Após a disputa dos dois turnos previstos pelo regulamento, Vasco, Flamengo e Botafogo estavam empatados. Realizou-se o primeiro triangular final, que terminou novamente com os três clubes rigorosamente iguais, com uma vitória e uma derrota para cada um. Um novo triangular teve que ser realizado.

No novo triangular, realizado apenas em 1959 e chamado hiperbolicamente de "supersupercampeonato", o Vasco derrotou o Botafogo por 2 x 1. Flamengo e Botafogo empataram em 2 x 2. No último jogo, o empate em 1 x 1 com o Flamengo garantiu a taça para os vascaínos, com um time base formado por: Hélio; Paulinho, Bellini, Orlando e Coronel; Écio e Valdemar; Sabará, Almir, Roberto Pinto e Pinga.

Há em relação ao Vasco e ao Maracanã um fato curioso. A pergunta sobre quem teria sido o maior ídolo vascaíno no estádio guarda uma surpresa.

Os flamenguistas são unânimes em apontar Zico como o maior jogador rubro-negro da história do Mário Filho. Os tricolores ficam entre a legenda de Castilho, o futebol de Rivelino e o papel fundamental de Assis no vitorioso time do início dos anos 1980. Garrincha e Nilton Santos são unanimidades entre os botafoguenses.

A maioria dos vascaínos entrevistados para esse trabalho ficam com Roberto Dinamite. Edmundo e Romário correm por fora. Ademir de Menezes é citado como mais marcante na equipe do final dos anos 1940, antes de o Maracanã ser inaugurado. Há, todavia, um personagem citado por diversos vascaínos que nunca calçou uma chuteira ou fez um gol para o bacalhau: o massagista e babalorixá Eduardo Santana, o Pai Santana.

Santana era mineiro de Andrelândia. Chegando ao Rio de Janeiro, foi lutador de boxe e papou até o cinturão de campeão carioca e brasileiro na categoria meio-médio ligeiro. Começou a exercer a função de massagista no Vasco em 1953. De São Januário partiu para Salvador.

Trabalhou no Bahia que foi campeão da Taça Brasil de 1959 em cima do Santos de Pelé, em uma final realizada no Maracanã. O Bahia ganhou o primeiro jogo na Vila Belmiro. O Santos ganhou o jogo da volta, em Salvador. O desempate foi jogado no Maracanã e o Bahia conquistou o título com uma vitória de 3 x 1. Machucado, Pelé não disputou a partida final. Segundo Santana, foram seus trabalhos espirituais que tiraram Pelé da partida.

Depois de sair do Bahia e de rápidas passagens pela Seleção Brasileira, pelo Botafogo e pelo Fluminense, Pai Santana voltou para o Vasco. Trabalhando como cavalo — a maneira como os médiuns são chamados nas macumbas cariocas — do poderoso Exu do Cruzeiro das Almas, entidade da umbanda, Santana ganhou a fama de auxiliar o Vasco com despachos, ebós e outras mandingas. Contam, por exemplo, que o pai de santo teria descido clandestinamente de helicóptero no meio da madrugada no gramado da Gávea, sede do Flamengo, na semana da final da Taça Guanabara de 1976, para fazer uma amarração. As histórias sobre a suposta descida de Santana no gramado rubro-negro correram a cidade. O jogo acabou empatado em 1 x 1 e o time de São Januário ganhou nos pênaltis, com Zico e Geraldo perdendo as cobranças do Flamengo.

Normalmente vestido de branco, entrando em campo com o time e se ajoelhando para beijar uma bandeira do Vasco que colocava perto da torcida, Santana era saudado como se fosse o 12° jogador vascaíno. Com o avanço do proselitismo evangélico entre jogadores de futebol no século XXI, fica difícil imaginar o surgimento de outra figura com o carisma do Pai Santana marcando o mundo da bola.

O BOTAFOGO DE MANÉ AO CAMBURÃO

OS GRANDES TIMES DO BOTAFOGO que o Maracanã viu jogar se concentram em um espaço de tempo entre 1957 e 1971. O ano de 1957 marca a primeira grande conquista botafoguense no estádio e registra ainda a maior goleada ocorrida em uma final de Campeonato Carioca em tempos de profissionalismo: Botafogo 6 x 2 Fluminense, com direito a cinco gols de Paulinho Valentim (um deles de bicicleta) e um de Garrincha.

O alvinegro ganhou ainda os títulos de 1961, 1962, 1967 e 1968. A quantidade de grandes jogadores que vestiram a camisa da Estrela Solitária na década de 1960 impressiona: Garrincha, Nilton Santos, Manga, Amarildo, Quarentinha, Gérson, Paulo César Caju, Nei Conceição, Jairzinho, Carlos Alberto Torres, Rogério, Roberto, Sebastião Leônidas, Didi e outros. Depois de dois anos chegando na terceira colocação do carioca (1969 e 1970), o Botafogo pintou como favorito à final do campeonato de 1971, contra o Fluminense. O alvinegro precisava apenas do empate.

O jogo foi truncado até os 43 minutos do segundo tempo, quando Oliveira, lateral-direito tricolor, cruzou a bola na área à base do desespero. O lateral-esquerdo Marco Antônio trombou com o goleiro botafoguense Ubirajara e a bola sobrou pra Lula, ponta-esquerda do Flu, que a empurrou para as redes. O árbitro José Marçal Filho, diante de mais de 142 mil pagantes, confirmou o gol, para desespero dos botafoguenses, que pediam a marcação da falta em Ubirajara.

A torcida alvinegra lamentou a perda do título de 1971 e nunca perdoou o árbitro do jogo, que ficou na geladeira durante muito tempo depois da partida e praticamente encerrou a carreira. Ela mal sabia que o título que escapou por um triz em 1971, em um dos maiores erros de arbitragem da história do Maraca, só voltaria a dar as caras na sede do Botafogo muito tempo depois.

O clube ainda formou bons times durante o jejum. O mais famoso ficou conhecido como Time do Camburão. A ideia do apelido é atribuída ao radialista Deni Menezes, em virtude da fama de rebeldes e contestadores que alguns jogadores botafoguenses de 1977 e 1978 tinham: Rodrigues Neto, Búfalo Gil, Dé Aranha, Paulo César Caju, Mário Sérgio, Manfrini, Nilson Dias, Renê, Perivaldo, Bráulio, Ubirajara Alcântara, dentre outros. Segundo o jornalista Roberto Porto, o Time do Camburão passou a integrar a história do Maracanã como aquele que reuniu o maior número de nômades de que o futebol brasileiro tem notícia (Porto, 2005, p. 89).

Diante do perfil aparentemente incontrolável da equipe — e depois de achar que os jogadores tinham entregado um jogo contra o Bonsucesso —, o presidente Charles Borer resolveu contratar para a comissão técnica do clube um disciplinador: o delegado Luiz Mariano, do grupo dos temidos "Homens de ouro" da Polícia Civil — policiais destacados por prender ou matar bandidos famosos — e membro da Scuderie Detetive Le Cocq.

A Scuderie Le Cocq foi fundada em 1965 com o objetivo de vingar a morte de Milton Le Cocq, detetive de polícia do Estado do Rio de Janeiro e ex-integrante da guarda pessoal de Getúlio Vargas. Le Cocq foi morto por Manoel Moreira, conhecido como Cara de Cavalo, bandido que atuava na Favela do Esqueleto, nos arredores do Maracanã, na década de 1960. O detetive vendia proteção aos banqueiros do jogo do bicho para evitar assaltos aos pontos da jogatina.

A morte de Le Cocq mobilizou diversos policiais, e a caçada a Cara de Cavalo parou a cidade. O bandido foi encontrado e assassinado poucos dias depois. Segundo o laudo pericial, mais de cem tiros foram disparados de diversas armas contra ele; 52 balas o atingiram. Luiz Mariano tinha orgulho em contar como participou da caçada ao Cara de Cavalo. "Fui eu que matei", costumava dizer em diversas entrevistas. A Le Cocq transformou-se em associação, ganhou a fama de atuar como um esquadrão da morte e chegou a reunir sete mil associados.

O fato é que Borer achou que o delegado lotado na Delegacia de Roubos e Furtos enquadraria o Time do Camburão. Luiz Mariano, segundo Paulo César Caju — em depoimento ao cineasta Lucio Branco para o documentário "Barba, Cabelo e Bigode" —, na primeira preleção chamou os jogadores de bandidos, vagabundos e indisciplinados (Branco, 2018, p. 119).

Dé Aranha, em diversas entrevistas, lembra que Mariano ameaçou dar porrada e, em último caso, tiro nos jogadores. Caju, ainda segundo Dé, liderou a rebelião do time contra o delegado, recusando-se a continuar escutando Luiz Mariano e ainda chamando o delegado de "boca de sabão em pó", já que durante um discurso em que ameaçou dar porrada nos jogadores, Mariano começou a gritar e babar.

O fato é que Luiz Mariano não emplacou como técnico e acabou virando supervisor. Zagallo assumiu a equipe, que ficou 52 jogos invicta, com 31 vitórias e 21 empates. A invencibilidade — recorde brasileiro — foi quebrada no Maracanã, em um Botafogo e Grêmio pelo Campeonato Brasileiro de 1978. O Grêmio ganhou de 3 x 0, com dois gols de Renato Sá.

Curiosamente, no ano seguinte o Flamengo igualou o recorde do Botafogo. O jogo que daria ao rubro-negro a 53ª partida sem derrotas foi realizado no Maracanã. E contra o Botafogo. Diante de 140 mil pessoas, no dia 2 de junho de 1979, o Botafogo ganhou do Fla por 1 x 0, com um gol de Renato Sá, que tinha trocado o Grêmio pelo time carioca. O herói improvável da partida foi o goleiro reserva Borrachinha, com defesas extraordinárias que evitaram o triunfo rubro-negro. Correu à boca miúda que o supervisor do Flamengo, Domingo Bosco, mandara cunhar medalhas de recordistas para todos os jogadores. As medalhas nunca foram encontradas.

O longo jejum sem títulos dos botafoguenses só foi quebrado na noite de 21 de junho de 1989, em uma final contra o Flamengo. Dono da melhor campanha do certame, o Botafogo jogava por resultados iguais. Depois do empate em 0 x 0 no primeiro jogo, uma vitória simples daria o título ao alvinegro na segunda partida. Uma vitória do Flamengo forçaria um terceiro jogo, com a vantagem do empate passando para a equipe da Gávea.

Aos 12 minutos do segundo tempo, um cruzamento de Mazolinha encontrou o ponteiro Maurício dentro da área. Há quem jure, inclusive o videoteipe, que Maurício deslocou levemente o lateral flamenguista Leonardo para fazer o gol. O jogador rubro-negro não esboçou qualquer reclamação no lance.

Supersticiosos ao extremo, os botafoguenses encontraram as mais variadas explicações para o longo jejum sem títulos e a vitória em 1989, incluindo uma bela forçada de barra na numerologia: o jogo ocorreu em um dia 21 e o gol foi aos 12 minutos (21 invertido). Além disso, Maurício usava a mística camisa 7 — aquela que, para o Botafogo, por causa de Mané Garrincha, é bem mais pesada que a de número 10.

A DITADURA E OS "GIGANTES"

O GOLPE DE ESTADO QUE DERRUBOU O PRESIDENTE João Goulart, em 1964, instaurou um regime que articulava os interesses de uma caserna doutrinada na lógica do anticomunismo em tempos de Guerra Fria e de setores das elites civis brasileiras. Havia o receio de que as reformas de base propostas pelo governo de Goulart levassem o Brasil a um estágio de cubanização, expressão utilizada pelos homens do governo em referência ao regime socialista de Cuba.

O regime autoritário apostou na centralidade do futebol como elemento aglutinador da identidade nacional brasileira e, ciente da força e da projeção do esporte entre os brasileiros, investiu na tentativa de promover a associação direta entre a paixão pelo jogo e o regime. O governo militar promoveu a criação de um campeonato nacional regular, adotou uma política de subsídio de preços de ingressos em setores populares, criou a Loteria Esportiva e garantiu o auxílio ao deslocamento de clubes de grandes centros — Rio de Janeiro, São Paulo, Minas Gerais e Rio Grande do Sul — aos estados do Norte, Nordeste e Centro-Oeste. Consolidou-se assim o Campeonato Brasileiro.

A ideia do futebol como um elemento de integração do território coadunava-se com o discurso do "Brasil Grande", expresso em *slogans* do regime, especialmente a partir do final da década de 1960, quando a ditadura entrou em seu momento mais duro, o dos chamados Anos de Chumbo: "Ninguém segura este país"; "Este é um país que vai pra frente"; "Pra frente Brasil"; "Ame-o ou deixe-o"; "Eu te amo, meu Brasil"; e outros.

O incentivo ao futebol manifestou-se também na construção de grandes estádios, em padrões similares aos do Maracanã. Em 1965, foi inaugurado o Estádio Governador Magalhães Pinto, o Mineirão. Em 1969, o Internacional de Porto Alegre inaugurou, às margens do Guaíba, o Beira-Rio, sintomaticamente alcunhado de Gigante.

No início dos anos 1970, o modelo de grandes estádios chegou ao Nordeste. Em Natal, foi inaugurado o Estádio Humberto de Alencar Castelo Branco — numa homenagem ao primeiro presidente do ciclo militar —, o Castelão. O estádio comportava mais de 50 mil pessoas, num período em que a população da capital do Rio Grande do Norte era de cerca de 300 mil habitantes. Em 1989, o estádio passou a se chamar Machadão, em homenagem ao ex-presidente da Federação Norte-rio-grandense de Futebol, João Cláudio de Vasconcelos Machado.

Em 1973, foi inaugurado no Ceará o Estádio Governador Plácido Castelo, também conhecido como Castelão, com capacidade para mais de 100 mil pessoas. No mesmo ano, foi inaugurada a ampliação da Fonte Nova, em Salvador, que passou a ter capacidade de receber até 110 mil pessoas. Na Amazônia, foi inaugurado em 1970 o Estádio Vivaldo Lima, em Manaus, conhecido como Vivaldão ou Tartarugão, por parecer um cágado imenso. O recorde de público no Tartarugão aconteceu em 1980, quando cerca de 60 mil pessoas assistiram a um jogo entre o Fast Clube, time local, e o New York Cosmos, que vinha com Beckenbauer, Carlos Alberto Torres, Chinaglia e companhia.

Segundo Gilmar Mascarenhas, em texto publicado no site Ludopédico:

localizamos o ciclo construtivo, sem dúvida, entre 1970 e 1978 situado entre o auge e o início do declínio do regime militar no Brasil, que apostou nos grandes estádios como estratégia política de controle das massas urbanas. Todavia, foi nesses espaços que a dialética propriedade x apropriação se manifestou de forma intensa, produzindo uma cultura do torcedor caracterizada pelo protagonismo ruidoso das massas, não raro através de contestação do regime ou de elementos da ordem hegemônica[45].

O período citado assistiu também aos processos de criação de inúmeras torcidas organizadas e à dinamização de formas de torcer, cada vez mais marcadas por manifestações coletivas das massas, com a demarcação de espaços nos estádios e nos arredores em dias de jogos e a proliferação de cantos, bandeiras, faixas, coreografias etc. Nos estádios gigantes, o espetáculo do futebol não se limitava ao campo, mas se integrava às torcidas e suas performances.

---

[45] Disponível em https://www.ludopedio.com.br/arquibancada/o-direito-ao-estadio, acesso em 22 de março de 2018.

ALÉM DO FUTEBOL

DURANTE DÉCADAS O MARACANÃ FOI PALCO de diversos eventos de massa que exigiam um espaço monumental, capaz de comportar multidões: shows, celebrações religiosas, festas populares, concursos públicos, jogos de outros esportes etc.

A clássica chegada do Papai Noel, por exemplo, começou com uma promoção do jornal O Globo iniciada em 1956 e logo entrou para o calendário oficial do Natal no Rio de Janeiro. A festa era uma Parada de Natal, com o Papai Noel percorrendo as ruas da cidade em um carro estilizado como trenó. O sucesso do evento, que a cada ano atraía mais gente, inviabilizou o cortejo do Bom Velhinho pelas ruas. Em 1965, a chegada do Papai Noel foi transferida para o Aterro do Flamengo.

Em 1968, a festa ocorreu pela primeira vez no Maracanã, debaixo de temporal, com a presença de jogadores de futebol, do palhaço Carequinha, o mais popular do Brasil naquele ano, e do lutador de Telecatch Ted Boy Marino, um galã dos espetáculos televisivos de luta livre. A partir daí o Maracanã virou a casa do Papai Noel.

Em 1978, cerca de 250 mil pessoas passaram pelas roletas do estádio para receber o Bom Velhinho. Um recorde! O show de Natal contou com um grupo de 150 bailarinas, os Trapalhões, os personagens da série de televisão do Sítio do Picapau Amarelo, e o grupo As Frenéticas. Craques dos clubes cariocas disputavam torneios de penalidades máximas enquanto o Papai Noel não descia de helicóptero no meio do campo.

O mesmo Maracanã foi palco da maior gira de umbanda registrada na história da religião, como já mencionei no primeiro capítulo deste livro. No dia 13 de maio de 1965, o estádio sediou o evento "A macumba numa noite do IV Centenário", dentro das comemorações oficiais dos 400 anos de fundação da cidade do Rio de Janeiro. A festa dos umbandistas foi aberta com discurso oficial do governador Carlos Lacerda. A última programação da noite, reproduzida nos jornais da cidade, previa simplesmente o seguinte:

> 20h — Não percam a sincretização de São Jorge na umbanda, cerimônia que nos levará aos tempos idos da Guerra do Paraguai e onde se verá o terreiro de Omolokô, o Lamento das Lavadeiras, os arautos convocando os espíritos dos escravos que lutaram na guerra, o Tatá de Ingorosai fazendo suas preces e a vitória na Batalha do Humaitá[46].

Sim, o Maracanã assistiu a uma celebração umbandista reproduzindo a vitória brasileira na Guerra do Paraguai, com direito a evocação dos espíritos dos escravizados que combateram na região da fortaleza do Humaitá. No mesmo evento, com o estádio lotado, a yalorixá baiana Mãe Senhora, mãe de santo do Axé do Opô Afonjá, recebeu o título de Mãe Preta do Brasil, concedido pela União Umbandista do Brasil.

Se recebeu giras de umbanda, o Maracanã, templo dos deuses da bola, também foi palco de missas e cultos evangélicos. O Papa João Paulo II rezou no estádio uma missa campal de ordenação de presbíteros, no

---

[46] A Luta Democrática, edição de 13/05/1968.

dia 2 de julho de 1980. Para receber o primeiro papa a visitar o Brasil, o compositor Paulo Roberto compôs a música "A benção, João de Deus". Como naquele ano o Fluminense foi campeão carioca, a torcida tricolor adotou a música como um hino de estímulo ao time. Ao voltar ao Brasil, em 1997, o Papa celebrou outra missa campal no estádio.

Em abril de 1987, na Sexta-feira da Paixão, a Igreja Universal do Reino de Deus alugou o estádio para o evento "Duelo dos deuses". Segundo a propaganda da própria Iurd, "o Maracanã pela primeira vez será tomado por um povo mais fervoroso e fiel do que qualquer torcida organizada de futebol". Cerca de 200 mil pessoas participaram do culto, que incluiu pregação do Bispo Macedo, exorcismo, exortações a milagres, recolhimento de donativos dos fiéis etc. A Iurd voltou a alugar o estádio em outras ocasiões.

O Maracanã acabou também sendo palco para a exibição de outros esportes. Já em 1951, no ano seguinte à inauguração, o estádio recebeu 40 mil pessoas para assistir à luta entre o judoca Masahico Kimura, japonês com fama de melhor do mundo e invicto havia quinze anos, e Hélio Grace, o patriarca do jiu-jitsu brasileiro.

Kimura, talvez a maior lenda da história do judô do Japão, era 35 kg mais pesado que Gracie e mais alto que o brasileiro. Gracie, além disso, tinha 38 anos de idade e estava voltando a lutar depois de ter anunciado uma precoce aposentadoria. O japonês prometeu esmagar Gracie em menos de três minutos, para vingar o judoca conterrâneo Julio Kato, que tinha sido finalizado por Gracie em uma luta no Pacaembu, em São Paulo. Para os especialistas em artes marciais, não havia a menor possibilidade de Kimura perder o confronto, realizado na noite de 23 de outubro.

A luta acabou durando 15 minutos, com Hélio Gracie resistindo a Kimura de uma forma surpreendente, até que o japonês finalizou o combate com uma chave de braço. Mesmo derrotado, Gracie saiu com a fama revigorada, já que aguentou a luta por um bom tempo.

O Maraca também foi palco para esportes de quadra. A rigor, partidas de basquete, vôlei, futebol de salão e handebol ganharam um espaço privilegiado ao lado do Maracanã. Em 1954, foi inaugurado, ao lado do Estádio Mário Filho, o Maracanãzinho. Em 1955, o Maracanãzinho passou a se chamar Ginásio Gilberto Cardoso, em homenagem ao presidente do Flamengo que morreu ao assistir a uma partida de basquete no ginásio. Gilberto Cardoso infartou quando o jogador Guguta marcou a cesta que deu o título do Campeonato Carioca daquele ano ao rubro-negro, na final contra o Sírio. A bola entrou, o Flamengo levou o título no último segundo, e Cardoso caiu fulminado.

Grandes eventos de basquete e vôlei, todavia, acabaram acontecendo no irmão mais velho e muito maior. Em 1952, antes da conclusão das obras do Maracanãzinho, foi montado um palco no gramado do Maracanã para receber o jogo de basquete entre os Harlem Globetrotters e o New York Celtics.

Em 1983, foi a vez do vôlei. Pouco mais de 95 mil pessoas foram assistir ao Grande Desafio de Vôlei: Brasil X URSS, que ainda mantém o recorde mundial de público para um jogo de vôlei praticado a céu aberto. Debaixo de uma chuva que transformou a partida em uma verdadeira roleta russa para saber quem conseguiria ficar de pé, os brasileiros derrotaram os soviéticos por 3 sets a 1.

Além da chegada do Papai Noel, de gira de umbanda, missa, sessão de exorcismo, luta livre, basquete e vôlei, o Maraca também foi palco de shows musicais. O primeiro a se apresentar no templo do futebol foi Frank Sinatra, para um público digno de final de campeonato: pouco mais de 170 mil pessoas assistiram, na noite chuvosa de 26 de janeiro, ao show do *Blue Eyes*. Era o começo da era dos grandes shows no estádio.

Em 1983, o Kiss fez show para 180 mil pagantes, com direito a dois portões arrombados por onde entraram milhares de bicões. Tina Turner se apresentou em 1988 para quase 200 mil pessoas. Dois anos depois,

Paul McCartney cantou para cerca de 184 mil fãs. Em 1991, o estádio recebeu o Rock in Rio II. Na hora do show do grupo norueguês A-Ha, o borderô do festival registrou a presença de 198 mil pagantes. O gigante de concreto passava a ser também um templo da música pop e do rock: Madonna, Rolling Stones, The Police, Rush e diversos outros grupos se apresentaram nos palcos montados no gramado. Invariavelmente, a grama saía desses shows completamente destruída, e o futebol sofria.

RICARDO BELIEL

O MARACA CANTADO

O MARACANÃ — e todas as possibilidades simbólicas que apresenta — foi presença marcante, como protagonista ou pano de fundo, de diversas manifestações artísticas brasileiras. Em rápido panorama, no cinema o estádio foi um dos cenários de "Rio 40°" (Nelson Pereira dos Santos, 1955); é praticamente um personagem de "Garrincha, alegria do povo" (Joaquim Pedro de Andrade, 1962); embalou gerações que faziam questão de chegar mais cedo às salas cinematográficas para assistir ao Canal 100, com cenas espetaculares dos jogos no estádio; e foi palco de "Os Trapalhões e o Rei do futebol", filme que uniu o grupo de comediantes Os Trapalhões e Pelé (1986).

Na literatura, inspirou, dentre exemplos diversos, parte de um livro de contos de Edilberto Coutinho, "Maracanã, adeus: onze histórias de futebol"; aparece como um lugar inusitado em "A procura de uma dignidade", crônica de Clarice Lispector publicada no livro "Onde estivestes de noite"; foi retratado por autores contemporâneos como Marcelo Moutinho, que constantemente aborda o futebol em sua literatura, como no belo conto "Domingo no Maracanã", publicado no livro "Ferrugem", de 2017; e nas recentes incursões de José Trajano pela memória e ficção, como no livro "Tijucamérica", de 2015. Nas artes plásticas, o estádio inspirou pintores como Rubens Gerchman, Djanira e Rosina Becker do Vale.

Apesar disso, e os exemplos vão muito além deste breve panorama, foi na música popular que o estádio apareceu com frequência como cenário privilegiado da cidade, fato que não surpreende se considerarmos as relações entre o futebol e a canção brasileira.

Na tentativa de imaginar elementos que dariam certa fixidez a uma comunidade fabulada como 'povo brasileiro', o lugar de centralidade que o futebol ocupa talvez só encontre similar na música popular. Além disso, a música e o futebol foram dois canais raros de expressão de anseios, perspectiva de ascensão social e criação de redes de sociabilidade e proteção para significativa parcela da população que não teve acesso — a maioria das vezes por absoluta falta de interesse público em proporcioná-lo — a canais formais de exercício da cidadania.

Não surpreende, por isso, que o Maracanã tenha sido cantado por diversos gêneros da música popular, com destaque maior para o samba, gênero de música urbana que se consolidou no Rio de Janeiro a partir de comunidades como as do Estácio, da Mangueira e de Oswaldo Cruz. Aqui vamos citar e comentar alguns exemplos sobre como o estádio apareceu no cancioneiro do Brasil.

Do primeiro time da música brasileira, Wilson Batista é um dos que mais cantou o futebol. Dentre diversos sambas e marchinhas do flamenguista Wilson que tiveram o futebol como mote, o mais famoso é o "Samba Rubro-Negro", parceria com Jorge de Castro, gravada em 1955 por Roberto Silva. O samba exalta o time que ganharia o tricampeonato carioca naquele ano. A letra cita inclusive a Charanga, grupo musical liderado por Jaime de Carvalho que acompanhava o Flamengo desde 1942. O início do samba mostra a confiança em um Flamengo que ganhava tudo naquela época, quebrando a hegemonia que o Vasco havia construído com o Expresso da Vitória na segunda metade da década de 1940: "Flamengo joga amanhã / Eu vou pra lá / Vai haver mais um baile

/ No Maracanã / O Mais Querido / Tem Rubens, Dequinha e Pavão / Eu já rezei pra São Jorge / Pro Mengo ser campeão".

Em 1981, no LP "Wilson, Geraldo e Noel", o flamenguista João Nogueira gravou o "Samba Rubro-Negro", atualizando a letra para saudar jogadores que marcaram o Flamengo na segunda metade da década de 1970. Ao invés de Rubens, Dequinha e Pavão, João Nogueira cantou "Zico, Adílio e Adão".

Wilson Batista não ficou só no samba para falar de futebol e do Maraca. Em 1961 ele fez um surpreendente chá-chá-chá chamado "Rei Pelé", em parceria com Luiz Vanderley e Jorge de Castro: "Mamãe me leve no Maracanã / Numa tarde linda de sol / Eu quero ver um rei jogar futebol / Ô, Rei Pelé, vamos tomar café". Não é das músicas mais bem elaboradas de Wilson, compositor de mão cheia, mas vale o registro.

Em 1955, mesmo ano em que Wilson Batista compôs o "Samba Rubro-Negro", Alzirinha Camargo gravou "Show no Maracanã", um rojão — espécie de baião de andamento mais acelerado — de Edgar Ferreira. A letra é impagável:

> Eu só bebo uísque com maçã / Eu só bebo uísque com maçã / Quando o Flamengo dá show no Maracanã / É Garcia, é Tomires, Pavão / A defesa que faz confusão / É Jadir, Dequinha, Jordão / Linha-média que aguenta rojão / E todo mundo gritando / Mengo, Mengo, campeão!

Os homenageados Tomires e Pavão formavam uma zaga do Fla conhecida pelos modos pouco afetuosos com que tratavam os atacantes adversários. Na final de 1955, Tomires quebrou a perna do argentino Alarcon, craque do América, no início do jogo, liquidando as pretensões de título do time rubro. O Fla ganhou de 4 x 1 e levou a taça. Pavão era conhecido pelo apelido de Copa-Norte, uma empresa de ônibus famosa pela maluquice de seus motoristas, que dirigiam em alta velocidade assustando os pedestres (Simas, 2017, p. 19).

Dois anos depois, em 1957, Nelson Gonçalves gravou "Nêga Manhosa", samba de Herivelto Martins. A letra é uma crônica carioca de melhor qualidade. O sujeito pede que a 'nêga' levante para preparar a sua marmita e, machista como praticamente todo sambista do período, elenca uma série de ordens que devem ser cumpridas pela mulher. O final aponta a importância do futebol e do Maracanã como um espaço lúdico do cotidiano dos pobres da cidade:

> Levanta, levanta nêga manhosa / Deixa de ser preguiçosa / Vai procurar o que fazer / Ô nêga, deixa de fita / Prepara a minha marmita / Levanta, nêga, vai te virar / Deixei embaixo do rádio uma nota de cinquenta / Vai à feira, joga no bicho / Vê se te aguenta / Economiza, olha o dia de amanhã / Eu preciso do troco / Domingo tem jogo no Maracanã.

A linha de "Samba Rubro-Negro" e "Nêga Manhosa", abordando uma cidade que vivenciava o Maracanã e o futebol como práticas entranhadas no cotidiano, foi seguida ao longo das décadas por uma série de compositores.

Se deu samba e rojão, o Maracanã também inspirou marchinhas carnavalescas. Em 1964, Gilda de Barros gravou a brejeira marchinha "A bola do Maracanã", de Garcia e Chavito. Na letra, é a própria bola que fala de suas desventuras: "Eu sou a bola do Maracanã / Todo mundo me chuta, todo mundo me chuta / Eu pulo pra lá e pra cá / 90 minutos / Não é brincadeira".

Em 1972, o cantor Pedro Paulo, nome menos conhecido da linha do sambão-joia, compôs e gravou "Domingo tem Maracanã", lançado em compacto simples. O refrão fez um sucesso estrondoso: "Porque domingo tem Maracanã / Tem Maracanã / Tem Maracanã". No final da gravação, Pedro Paulo saudava os estádios gigantes que, na onda da ditadura militar, surgiam por todo o país.

Ainda em 1972, o grupo Novos Baianos gravou "Besta é tu", no LP "Acabou Chorare". O samba é uma espécie de hino da turma que desbundou em um período especialmente duro da ditadura militar. A composição de Moraes, Galvão e Pepeu faz uma ode à vida, sem deixar de insinuar os riscos que o período apresentava: "Olha o sol, olha o sol / O Maraca domingo / O perigo na rua".

Jorge Ben Jor é outro do primeiro time da música brasileira que sempre cantou o futebol e, como carioca e salgueirense, o Maracanã. Além de "Fio Maravilha" e da exaltação ao Flamengo em "País Tropical", Jorge gravou em 1975 a sua composição "Cuidado com o bulldog". O samba, apesar de não ser dos mais famosos do repertório do artista, é impagável. A letra fala de um sujeito que, por não ter cumprido algo que prometera, é castigado e recebe uma mordida de um cachorro nos fundilhos. E aí começa o drama: como ir ao Maracanã de arquibancada nessas circunstâncias? A letra insinua ainda que alguns torcedores de arquibancada se recusavam a ir de geral, por uma questão de prestígio entre os conhecidos:

> Bem feito, não vai poder ir no Maracanã / Não vai poder sentar naquela arquibancada / Dura, áspera e quente / Só vai poder ficar de pé / Só se for na geral / Mas como você é orgulhoso / Vai pegar mal / E ainda mais se o seu time perder / Como é que fica? / Como é que vai ficar?

Jorge Ben Jor ainda citou o Maracanã em "Jesualda", ao contar a história da empregada doméstica que encontrou o amor da sua vida quando, parada em um ponto de ônibus, foi paquerada por um sujeito que ia de carro para o Maracanã:

> Num domingo à tarde / Sua felicidade pintou / Pois um moço simpático / Que ia no seu carro meio apressado / Com bandeira e tudo / Com a bandeira e tudo ao Maracanã / No que olhou pro lado, parou / Saltou, levou um papo / E a linda simpática donzela ele amarrou.

Outro que cantou o Maracanã foi Bebeto, cantor de samba-rock mais conhecido como o rei dos bailes de subúrbio. Em certo momento da carreira, Bebeto foi acusado pela crítica mais ácida de ser mero imitador de Jorge Ben Jor. A sentença não faz justiça ao compositor, instrumentista e cantor, que conquistou um público fiel com uma quantidade grande de sucessos até hoje pedidos em bailes. Um deles é "Praia e sol", canção de 1981, escrita em parceria com Adilson Silva. Bebeto descreve o que seria o domingo ideal do carioca: "Praia e sol / Maracanã, futebol / Domingo / Praia e sol / Maracanã, futebol / Que lindo / Domingo eu vou ver meu time jogar / Tomara que ele saiba ganhar / E se souber vai ser muito bonito / Ver de alegria esse povo sorrindo".

João Bosco e Aldir Blanc, uma das maiores parcerias da história de qualquer música popular do mundo, citaram o Maracanã em algumas de suas melhores canções. Em "A nível de", o estádio aparece bordando as aventuras sentimentais de Vanderley, Odilon, Yolanda e Adelina: "Vanderley e Odilon / São muito unidos / E vão pro Maracanã / Todo domingo". Em "Gol anulado", canção das mais dilacerantes da dupla, o drama da violência doméstica e do machismo começa com um gol no Maracanã: "Quando você gritou Mengo / No segundo gol do Zico / Tirei sem pensar o cinto / E bati até cansar".

E tem muito mais. Francis Hime e Paulo César Pinheiro consagraram o estádio como um templo em "Maracanã": "Maracanã é nossa catedral / E com Mangueira do seu lado, é bom sinal / É futebol! É carnaval! / Paixão igual a do meu povo / Eu não conheço igual / Cem mil pessoas no calor de uma final".

Moraes Moreira cantou as saudades de Zico, o Galinho de Quintino. Quando o flamenguista se transferiu para o futebol italiano, Moraes fez o frevo "Saudades do Galinho", indagando sobre o vazio que a ausência do craque causaria no torcedor: "E agora como é que eu fico / Nas tardes de domingo / Sem Zico no Maracanã / Agora como é que eu me vingo de toda derrota da vida / Se em cada gol do Flamengo eu me sentia um vencedor".

Chico Buarque citou o estádio em "Pelas Tabelas". Gonzaguinha fez "Geraldinos e arquibaldos". Aldir Blanc e Paulo Emílio cantaram as águas imundas do rio Maracanã na valsa dilacerante "Só dói quando eu rio". O bairro, não o estádio, também foi cantado por Nelson Gonçalves na valsa "Deusa do Maracanã", de Jayme Guilherme.

Guinga e Edu Kneip fizeram aquela que talvez seja a mais bonita canção que tem o estádio como mote. "Mar de Maracanã" é uma ode definitiva: "Escaldantes marés / De concreto em anéis / Construções a envolver / Morada do sol e do futebol / Morada de estórias reais / A vida contada em bandeiras de almas rivais".

O grupo O Rappa descreveu no rap "Eu quero ver o gol" o cotidiano de domingo de um carioca suburbano que começa na praia e vai terminar na geral do estádio:

> Tem limão, tem mate / Melancia fatiada / O Globo, sal e doce / Dragão Chinês / Tô no rango desde às duas / E a lombra bateu / O jogo é às cinco / E eu sou mais o meu / Tô com a geral no bolso / Garanti meu lugar / Vou torcer, vou xingar / Pro meu time ganhar.

Mais recentemente, Douglas Lemos e Leandro Resende fizeram o samba "Arquibancada", que Lemos gravou. Impactados pela destruição do estádio e pela construção da nova arena na onda dos megaeventos que marcaram o Rio de Janeiro, os autores lembraram e lamentaram:

> Ai, aquela ânsia que dá de manhã / Do tamanho do céu / Era o Maracanã / Meu canto mistura alegria e dor / Bate no peito um golaço de amor / Na rampa meu velho me puxando pela mão / De degrau em degrau, o ar sumindo / Bandeiras, batuques, o povo sorrindo...

O repertório é grande e o time de artistas da música que cantou o Maracanã é um escrete do melhor som brasileiro. As canções aqui citadas formam apenas uma pequena amostra da dimensão do Maracanã como uma espécie de 'muso' da canção popular brasileira. Se formos, entretanto, escolher uma única música para representar a relação que os torcedores cariocas têm com o estádio, a resposta dificilmente será outra. "O campeão", samba de Neguinho da Beija-Flor, fica com a taça.

O flamenguista Neguinho admite que "O Campeão" foi originalmente composto para o Vasco da Gama. Um amigo vascaíno do autor encomendou a ele um samba para o clube. Neguinho fez a música rapidamente. O início dizia: "Domingo, eu vou ao Maracanã / Vou torcer pro Vasco que sou fã". Quando sentiu que o samba tinha ficado melhor do que a encomenda, Neguinho resolveu deixar de lado a homenagem explícita ao Vasco e fazer uma letra adequada ao canto de qualquer torcida. O samba foi lançado em 1979, em um compacto simples, com a letra definitiva:

> Domingo, eu vou ao Maracanã / Vou torcer pro time que sou fã / Vou levar foguetes e bandeiras / Não vai ser de brincadeira / Ele vai ser campeão / Não quero cadeira numerada / Vou sentar na arquibancada / Pra sentir mais emoção / Porque meu time, joga pra vencer / E o nome dele são vocês que vão dizer / Ô , ô , ô , ô , ô , ô , ô , ô , ô , ô , ô , ô...

O samba explodiu de uma maneira impressionante. Saiu do disco e ganhou as arquibancadas do Brasil inteiro, adaptado a qualquer local e aos desejos de qualquer torcida do país. Naquele início dos anos 1980, era comum que os sambas de enredo mais populares do carnaval fossem entoados pelas torcidas. Neguinho, puxador de samba da Beija-Flor de Nilópolis, acabou compondo e gravando a canção mais popular da história do futebol brasileiro.

5
DESENCANTO

O CRONISTA MARQUES REBELO, um dos maiores da literatura carioca, costumava dizer que uma cidade é composta de várias cidades. Com frequência, elas entram em disputa. Pegando carona na constatação de Rebelo, que gostava de futebol e era torcedor do America, é possível dizer que um estádio como o Maracanã, construído para abrigar uma multidão maior que boa parte das cidades do Brasil e erguido como símbolo da capacidade de realização dos brasileiros, é composto de vários estádios.

O Maracanã, teoricamente, apagava as distinções sociais e era um modelo de inclusão de todos em um exercício peculiar de cidadania; aquele forjado nas emoções e performances sugeridas pela paixão pelo futebol. Por outro lado, a configuração espacial do estádio propunha a separação de lugares, relegando os menos favorecidos ao espaço precarizado da geral. Este espaço, por sua vez, gerou soluções imaginativas de seus frequentadores, que criaram maneiras inusitadas de corporificar o ato de torcer e carnavalizar a experiência da escassez.

A estrutura de cimento das arquibancadas era evidentemente desleixada. O estádio, afinal, foi inaugurado antes de estar pronto. O desleixo, todavia, foi encantado pelos torcedores que se apropriaram do espaço, construindo modos coletivos de torcer e interagir com o jogo e com o gigante de cimento, animando a matéria bruta aparentemente fria e morta.

O estádio era hostil à presença das mulheres. O ato de torcer muitas vezes exacerbava a afirmação da masculinidade violenta como código de conduta entre os torcedores. Qualquer frequentador do antigo Maracanã escutou, em alguma ocasião, o coro de "piranha!" destinado a alguma torcedora, bandeirinha ou jornalista. Os banheiros não eram minimamente adequados a jogos com grandes públicos. O ato de urinar nas pilastras e muretas era bastante comum entre os torcedores.

O Maracanã, enfim, sempre foi um espaço tensionado; um território disputado, apropriado, catártico, carnavalizado, afável, violento, experimentado a partir do ato mesmo de ir ao jogo. A presença no estádio, e o futebol diz muito disso, configurava-se em um ato que defino conceitualmente como 'exusíaco'.

Exu é aquele que vive no riscado, na brecha, na casca da lima, malandreando no sincopado, desconversando, quebrando o padrão, subvertendo no arrepiado do tempo, gingando capoeiras no fio da navalha. Exu é o menino que colheu o mel dos gafanhotos, mamou o leite das donzelas e acertou o pássaro ontem com a pedra que atirou hoje; é o subversivo que, quando está sentado, bate com a cabeça no teto e em pé não atinge sequer a altura do fogareiro. Ele é chegado aos fuzuês da rua (Simas, 2013, p. 26).

Um longo poema da criação diz que, em certa feita, Exu foi desafiado a escolher, entre duas cabaças, qual delas levaria em uma viagem ao mercado. Uma continha o bem, a outra continha o mal. Uma era remédio, a outra era veneno. Uma era corpo, a outra era espírito. Uma era o que se vê, a outra era o que não se enxerga. Uma era palavra, a outra era o que nunca será dito.

Exu pediu uma terceira cabaça. Abriu as três e misturou o pó das duas primeiras na terceira. Balançou bem. Desde este dia, remédio pode ser veneno e veneno pode curar, o bem pode ser o mal, a alma pode ser o corpo, o visível pode ser o invisível e o que não se vê pode ser presença. O dito pode não dizer e o silêncio pode fazer discursos vigorosos. A terceira cabaça é a do inesperado: é nela que moram os fenômenos e acontecimentos da cultura, como o futebol.

Havia no Maracanã o que os adeptos do candomblé definem como um espaço de prática das "culturas de axé". Em síntese, a cultura de axé é aquela que designa um modo de relacionamento com o real fundamentado na crença em uma energia vital. Ela reside em cada um, na coletividade, em objetos, nos alimentos e elementos da natureza, nas práticas rituais, na sacralização dos corpos pela dança e pela vibração, no diálogo dos corpos com o tambor e com o canto etc. Essa energia deve ser constantemente potencializada, restituída e trocada, para que não se disperse.

O Maracanã era fundamentalmente isso. Um espaço de doação e restituição, ancorado na troca entre a torcida e o time, fundado na sacralização do gramado, na diluição do torcedor na coletividade da massa, na fruição do futebol como carnaval e catarse, paixão e fé, entrega e benefício, paz e violência. E assim foi até que o axé começasse a se dispersar. E como isso aconteceu?

O Brasil viveu, em determinado momento deste início do século XXI, uma fase de crescimento da economia, acompanhada pela expansão do crédito e do consumo e ancorada em políticas públicas de redução da pobreza extrema, sobretudo a partir de 2005. O Rio de Janeiro surfou nesta onda de uma forma muito particular e intensa.

Quando perdeu a condição de capital do país, em 1960, a cidade do Rio de Janeiro — seus governantes, cronistas, jornalistas, parte da população — buscou encontrar algum elemento que redefinisse seu traço de identidade, ancorado fortemente na centralidade política da Capital Federal e, no campo da cultura, em certo mito do carioquismo cordial. A fusão entre o Estado da Guanabara (a cidade) e o Estado do Rio de Janeiro, em meados da década de 1970, aprofundou esse processo de crise identitária, dramatizado ainda mais pela explosão da violência urbana nas décadas de 1980 e 1990.

A fixidez identitária, evidentemente, é impossível. Somos feitos de identidades contraditórias, que indicam caminhos diversos e deslocamentos constantes. Negando isso, construímos uma narrativa fixa, tão cômoda e solar como paranoica, da história sobre nós mesmos e os nossos lugares. Tal narrativa é tão confortável quanto enganadora.

A impressão que se tem a partir de 2007, revisitando a grande mídia e os discursos dos homens públicos daquele período, é a de que a cidade do Rio de Janeiro finalmente tinha reencontrado uma 'vocação' e um lugar no mundo: ser um balneário de megaeventos. Num intervalo de menos de dez anos, a cidade recebeu os Jogos Pan-Americanos de 2007; os Jogos Mundiais Militares de 2011; a Conferência das Nações Unidas sobre Desenvolvimento Sustentável (Rio+20), em 2012; a Jornada Mundial da Juventude, em 2013; a Copa das Confederações, também em 2013; a Copa do Mundo de 2014; e os Jogos Olímpicos e Paralímpicos de 2016.

Para fazer valer essa identidade, ou melhor, para fazer valer essa cidade sobre as outras cidades, foi preciso sacrificar algumas ideias e o concreto em que estavam materializadas. No frigir dos ovos, o Rio assistiu a um inacreditável destombamento do velho Maraca, a um processo de privatização recheado de escândalos e à própria destruição do estádio, que deu lugar a uma arena multiuso que atenderia normas internacionais estabelecidas pela Fifa. Só não ocorreu a completa destruição de todo o complexo — incluindo o Maracanãzinho, o Parque Aquático Júlio Delamare, o Célio de Barros e o estádio de atletismo — porque a mobilização social impediu a terra arrasada. Aqui conto as etapas do processo que assassinou, ao arrepio da lei, o velho Maracanã.

CRISE NOS CAMPOS DA RAINHA

O PROCESSO VIGOROSO DE ELITIZAÇÃO do futebol ganhou conotações globais a partir de um padrão testado na Europa e cristalizado com o sucesso na Premier League inglesa. O que ocorre no Brasil e no Maracanã a partir do fim da década de 1990 reverbera, com particularidades bem significativas, o que ocorreu na Inglaterra na década anterior e acabou por dar origem à liga.

Em meados da década de 1980, o futebol inglês estava afundado em uma crise sem precedentes. A má conservação dos estádios, a violência dos *hooligans* e a queda da média de público eram apenas alguns dos sintomas do drama[47]. Neste contexto, algumas tragédias sucessivas abalaram o futebol da Inglaterra.

No dia 11 de maio de 1985, ocorreu um incêndio de grandes proporções na arquibancada do estádio do Bradford City, durante um jogo entre o time local e o Lincoln City. O saldo final foi de 56 mortos e

---

[47] O historiador e antropólogo Marcos Alvito passou um ano na Inglaterra basicamente vendo jogos de futebol de todas as divisões. Alvito manteve forte militância na defesa do Maracanã durante o processo de destruição e privatização do estádio, participando da Frente Nacional dos Torcedores. O resultado de sua pesquisa está em: Alvito, Marcos. A Rainha de chuteiras: um ano de futebol na Inglaterra. Rio de Janeiro: Apicuri, 2014.

265 feridos. Poucos dias depois, em 29 de maio, aconteceu o que ficou conhecido como Tragédia de Heysel, logo antes do início do jogo entre Liverpool e Juventus, partida final da Copa dos Campeões da Europa, realizada em Bruxelas.

A confusão começou a se desenhar ainda fora do local do jogo, com brigas entre as duas torcidas e o roubo a uma joalheria próxima. Ao contrário do que a polícia belga anunciara, um dos lados do estádio estava lotado com torcedores dos dois times, separados apenas por uma frágil barreira de grades e poucos policiais. Pouco antes da hora marcada para rolar a bola, *hooligans* do Liverpool romperam as grades divisórias e atacaram os italianos com barras de ferro. Um muro do Estádio de Heysel cedeu e o saldo final foi devastador: 39 torcedores mortos. A União das Associações Europeias de Futebol (Uefa), com receio de a confusão continuar, determinou que a partida fosse realizada. Depois, a União afastou os clubes ingleses de competições internacionais por cinco anos, com mais um ano de pena para o Liverpool, cujos torcedores foram responsabilizados pelo horror.

Quatro anos depois, no dia 15 de abril de 1989, 96 torcedores morreram e 766 ficaram feridos durante o jogo entre Liverpool e Nothingham Forest pelas semifinais da Copa da Inglaterra. O "Desastre de Hillsborough" — a maior catástrofe do futebol inglês — estimulou o governo da Primeira-Ministra Margareth Thatcher a atacar o 'hooliganismo'. Um primeiro relatório do governo sobre a tragédia atribuiu a culpa aos torcedores do Liverpool, que abusaram do álcool e da violência. Investigações posteriores desmentiram o primeiro relatório, que teria sido adulterado pelo governo, e comprovaram que a tragédia ocorreu em virtude da superlotação, das condições do estádio e de erros dos responsáveis pela segurança da partida, que abriram uma entrada durante o jogo com acesso a setores que já estavam superlotados, causando o esmagamento e o sufocamento de centenas de pessoas.

Naquele contexto, o governo de Thatcher vinha tentando desmontar o estado de bem-estar social e estava em guerra aberta contra os sindicatos de trabalhadores. Vários desses sindicatos tinham ligações com torcidas de futebol desde as origens do jogo na Grã-Bretanha. No discurso do governo, praticamente todos os torcedores de futebol foram genericamente definidos como *hooligans*.

O discurso de combate à violência ensejou, então, diversas mudanças no futebol da Inglaterra e na própria cultura do torcedor. Exigências passaram a ser feitas para melhorar o funcionamento dos estádios, desde a obrigatoriedade de lugares marcados para torcedores sentados até a melhoria do acesso. O preço dos ingressos aumentou de forma significativa, afastando o torcedor de baixa renda das novas arenas, provocando um processo de gentrificação evidente do futebol britânico.

Segundo o jornalista inglês radicado no Brasil Tim Vickery, o processo de assepsia tem também aspectos positivos: a média de público na Inglaterra agora é significativamente mais alta do que era no período que antecedeu ao processo de mudanças. "O público agora é mais agregador, há mais mulheres nos estádios e muitos representantes das comunidades de imigrantes pós-Segunda Guerra Mundial que tanto mudaram a cara (e a culinária) do país nas décadas recentes"[48].

Ao mesmo tempo que o processo de assepsia ganhava terreno, os principais clubes do país romperam com a Football League e criaram a Premier League, buscando de imediato autonomia para negociar a transmissão de jogos para a televisão e os contratos de patrocínio. A cereja do bolo foi o acordo com o magnata das telecomunicações Rupert Murdoch e o contrato para que a Sky TV assumisse a transmissão dos jogos. Se o dinheiro do contrato trouxe recursos até então inimagináveis para os

---

[48] Radicado no Brasil, Tim Vickery descreveu suas impressões sobre a Premier League. Disponível em https://www.bbc.com/portuguese/noticias/2014/05/140507_tim_vickery_futebol_brasil_inglaterra_mm), acesso em 10 de julho de 2020.

clubes ingleses, por outro lado veio acompanhado de estratégias ancoradas em um princípio: o futebol deve ser cada vez mais moldado à lógica da televisão, inclusive em relação às características do jogo.

A cobertura da TV — com ângulos de câmera inusitados, técnicas de repetição constante de jogadas, exploração de imagens ressaltando o contato físico entre os jogadores, redução do tamanho do campo para reforçar esse contato, jogos praticamente todos os dias para atingir a demanda dos assinantes — escancara a estratégia que norteia a nova era do futebol inglês. A assepsia dos estádios, transformados em arenas multiuso, restringirá o público presente a uma parcela com poder aquisitivo maior. Ao mesmo tempo, popularizará as transmissões televisivas, retirando dos estádios boa parte dos torcedores com um perfil mais popular, que passarão a assistir aos jogos em bares ou nas suas casas. O torcedor da nova ordem do futebol deve estar na frente da televisão. Dentro das arenas devem estar os consumidores do 'produto futebol', conforme o jargão empresarial.

Diversas ponderações, que não são os objetivos deste livro, podem ser feitas sobre o caso inglês. A Inglaterra vivia um momento em que ir a um jogo de futebol era correr o risco de ser massacrado e não voltar para casa. Não há como discordar disso. Por outro lado, o governo Thatcher, especialmente, atacou o futebol com razões e objetivos mais profundos: a disciplinarização e contenção das massas urbanas; os confrontos com os sindicatos de trabalhadores; o sufocamento de movimentos de resistência ao desmonte do estado de bem-estar social no Reino Unido; o ataque e a criminalização de qualquer tipo de organização capaz de ensejar laços de sociabilidade, apropriar-se de espaços públicos e construir redes de proteção entre os mais pobres; entre outras coisas.

O processo de aburguesamento do futebol, visto cada vez mais como negócio pelos novos 'donos do jogo', não é um fenômeno isolado. Tem dimensões mais amplas e está diretamente ligado a processos de disputas, tensionamentos e confrontos típicos de cidades capitalistas.

O AXÉ DISPERSO

A MANUTENÇÃO DO MARACANÃ pelo poder público sempre foi precária. Pelo menos desde a década de 1960 são constantes as denúncias de que a manutenção do estádio era desleixada, com infiltrações, rachaduras, quedas de reboco etc. Os problemas estruturais foram se acumulando, com obras circunstanciais que buscavam atenuar riscos, até a tragédia da final do Campeonato Brasileiro de 1992, no jogo entre Flamengo e Botafogo.

O Flamengo chegou à partida com confortável vantagem. No primeiro jogo da decisão, o rubro-negro derrotou o Botafogo por 3 x 0, de forma que uma derrota por até dois gols de diferença garantiria o título para o time da Gávea na final.

Pouco antes de a bola começar a rolar, ocorreu a cena que mudou a história do estádio. Uma confusão começou no setor de arquibancadas do Flamengo, que estava superlotado, perto de onde se concentrava a torcida organizada Raça Rubro-Negra. O tumulto iniciado nos degraus mais altos da arquibancada foi se espalhando até chegar aos torcedores que estavam espremidos na grade de proteção. A grade cedeu por uma extensão de quase 13 metros, e dezenas de torcedores ficaram pendurados na estrutura. Outros tantos despencaram cerca de oito metros em direção às cadeiras, atingindo quem estava no setor ou se estatelando no cimento. O pânico tomou conta do estádio. No fim das contas, cerca de 90 torcedores foram encaminhados a hospitais próximos. Três morreram na queda: Frederico Castilho de Oliveira, de 16 anos; Cláudio José Rocha Galda, de 17 anos; e Sérgio de Souza Marques, de 25 anos. Um helicóptero pousou no gramado para auxiliar no resgate dos que se feriram.

Mesmo diante de um acidente com mortes, o jogo foi mantido, fato que gerou protestos. O árbitro José Roberto Wright e os responsáveis pela partida — do presidente da Suderj, o ex-presidente do Flamengo Márcio Braga, ao chefe do policiamento[49] — consideraram que o cancelamento poderia causar um tumulto ainda maior, diante de um estádio com mais de 130 mil torcedores pagantes e cerca de 150 mil presentes. O jogo foi realizado e terminou empatado em 2 x 2, placar que confirmou o título que o Flamengo tinha encaminhado na primeira partida da final.

Diversas versões sobre o ocorrido começaram a circular com rapidez. Alguns jornais noticiaram que a confusão teria tido início com uma briga que envolveu um torcedor armado ameaçando dar tiros para o alto. A informação não foi confirmada, mas a hipótese de uma briga de torcedores é a mais plausível.

A perícia realizada pelo Instituto de Criminalísticca Carlos Éboli concluiu que a tragédia foi resultado de alguns fatores em conjunto. As grades de alumínio da arquibancada estavam com os parafusos corroídos pela oxidação e com porcas faltando. Além disso, havia uma concentração muito maior de torcedores na torcida do Flamengo que do lado oposto das arquibancadas. Para piorar, o Maracanã tinha apenas

---

[49] Disponível em https://esportenewsmundo.com.br/maraca70enm-a-queda-da-grade-que-entrou-para-historia-do-maracana/, acesso em 10 de julho de 2020.

seis médicos e oito enfermeiros que deveriam dar conta de qualquer problema que ocorresse na multidão.

Em virtude da tragédia de 1992, o Maracanã foi interditado para análise de risco e reparos, ficando 205 dias fechado. Algumas obras de manutenção e reforço das estruturas foram realizadas.

No ano seguinte, em 1993, a Fifa fez uma série de exigências para que o estádio pudesse sediar o jogo do Brasil contra o Uruguai, decisivo para os dois países que lutavam por uma vaga na Copa do Mundo de 1994. A geral não pôde abrir para a partida e cadeiras deveriam ser colocadas no cimento das arquibancadas, com numeração e lugares marcados. A geral, de fato, não abriu para o jogo. Com grande atuação do centroavante Romário, que marcou duas vezes, a Seleção carimbou o passaporte para o mundial do ano seguinte. As cadeiras numeradas em todo o espaço das arquibancadas, no entanto, não foram colocadas. A numeração exigida pela Fifa foi exposta no cimento, de forma precária e completamente ignorada pelos torcedores.

No ano seguinte, o Brasil conquistou a Copa do Mundo dos EUA, trazendo um caneco depois de 24 anos e cinco Copas sem título. A questão do Maracanã permanecia em aberto. Jornais e canais de televisão vez por outra exibiam reportagens sobre o caráter provisório e insuficiente de algumas reformas pontuais que, aqui ou ali, aconteciam em setores do estádio.

Em 1996, durante o governo de Marcello Alencar no Rio de Janeiro, foi anunciada pela primeira vez a intenção do estado de privatizar o Maracanã. No contexto de expansão da perspectiva neoliberal da década de 1990, o discurso que embasava a defesa da privatização era o de que o estádio era obsoleto e fornecia riscos à população, como ficara provado no episódio de 1992. O sucateamento de serviços públicos foi muitas vezes, naqueles anos conturbados, encarado como uma estratégia para justificar a suposta necessidade de privatizar hospitais, estradas, telecomunicações, áreas de lazer etc.

A Superintendência de Desportos do Estado do Rio de Janeiro (Suderj), órgão responsável pelo complexo do Maracanã — incluindo o Maracanã, o Maracanãzinho, o Estádio de Atletismo Célio de Barros e o Parque Aquático Júlio Delamare —, lançou um edital anunciando que o consórcio de privatização previa investimentos na estrutura do estádio, em novos placares e na divisão das cadeiras. Os custos altos foram usados como justificativa para que possíveis interessados tenham desistido do negócio. Não houve candidatos para assumir o Maraca.

Entre os entusiastas da ideia de destruir o Maracanã e construir um estádio privatizado estava o presidente da Fifa, João Havelange. Em entrevista à revista Veja, em 1998, Havelange foi explícito:

> Em minha opinião, o Maracanã deveria ser implodido. Desde que a televisão passou a transmitir os jogos com regularidade, os estádios gigantescos deixaram de ser necessários. Em seu lugar, deveria erguer-se um novo, para no máximo 80.000 pessoas, com estacionamento, melhor utilização do espaço, segurança e conforto. Poderia ter hotel, supermercado, shopping center, o que permitiria sua utilização permanente[50].

No ano 2000, a ideia de modernização do Maracanã foi estimulada pela realização do Mundial de Clubes da Fifa no estádio. Cadeiras numeradas foram colocadas nas arquibancadas, dividindo o antigo espaço do 'cimentão' em setores: as cadeiras verdes, mais populares; as amarelas, intermediárias; as brancas, mais caras e centrais. A divisão acabava com uma característica marcante da velha arquibancada: a de ser um espaço de fluxo, com grau significativo de mobilidade dos torcedores. Nos clássicos regionais, a divisão das torcidas era estabelecida com as

---

[50] Disponível em https://apublica.org/2017/03/anatomia-de-um-crime/, acesso em outubro de 2020.

arquibancadas atrás dos gols sendo ocupadas por torcedores de um time ou do outro. O meio-de-campo era ocupado por torcedores dos dois times. Em jogos contra times menores ou de outros estados, era comum o deslocamento de torcedores para ver o time da casa atacar.

Além das cadeiras que redefiniram a arquibancada de cimento, o governo estadual prometia atrair recursos para modernizar o Maracanã. O governador Anthony Garotinho, todavia, anunciou ser contra a privatização do estádio e reabriu a geral. O projeto de modernização previa inclusive a construção de um grande museu do futebol, com centro de convenções, salas de cinema, teatro e restaurantes. No fim das contas, houve novas obras de reparo nas rampas e marquise, a construção de novas cabines para a imprensa, de camarotes no alto das arquibancadas e de um *hall* da fama, com investimentos na ordem de R$ 106 milhões.

O FIM DA GERAL

NO DIA 24 DE AGOSTO DE 2002, o Rio de Janeiro foi escolhido pela Assembleia Geral da Organização de Desportos Pan-Americanos, a Odepa, como cidade-sede dos Jogos Pan-Americanos de 2007, derrotando a candidatura de San Antonio, nos Estados Unidos, por 30 votos a 21. Para a realização do evento, foi prometida uma grande reforma do Maracanã, orçada em cerca de R$ 304 milhões. A promessa do Comitê Organizador era que a reforma do Complexo do Maracanã já prepararia o estádio para a Copa do Mundo de 2014. O Brasil seria candidato a sediar o torneio, sem a necessidade de novas obras. O gramado foi rebaixado em 1,40 m e foram criadas duas rampas de acesso. Dois telões de alta definição substituíram os antigos e simpaticíssimos placares luminosos, instalados em 1979. A mudança mais radical foi a da destruição da geral, que deu lugar a novas cadeiras numeradas.

A despedida da geral, uma espécie de gurufim, foi anunciada com uma apresentação da Banda do Corpo de Bombeiros tocando "Cidade Maravilhosa". O programa Globo Esporte entrevistou alguns operários que estavam participando das obras. Um deles, não identificado pelo nome, confessou que estava feliz por ter conseguido emprego nas obras de adequação do estádio para o Pan de 2007 e, ao mesmo tempo, triste porque era geraldino e desconfiava que não conseguiria mais frequentar o estádio modernizado.

Mas o que nos revela o fim da geral sobre a história do Maracanã e da própria cidade do Rio de Janeiro?

Não há dúvidas de que o fim da geral representa um momento sintomático do processo de gentrificação dos estádios de futebol, mas vai além disso. Uso gentrificação no sentido dado ao termo pelos estudos pioneiros de Ruth Glass (1964) e Neil Smith (1996); aquele que, grosso modo, designa um processo de aburguesamento de espaços nas grandes metrópoles e gera o afastamento das camadas populares do local modificado. O espaço gentrificado passa a ser gerido prioritariamente pelos interesses do mercado financeiro, do grande capital e quejandos. Este processo de submissão ao capital é, em geral, acompanhado de discursos legitimadores que vão desde o "tratamento ecologicamente correto" até a "gestão financeira responsável".

Pensar nas consequências disso é lembrar que o futebol no Brasil é cultura, pois se consolidou como um campo de elaboração de símbolos, projeções de vida, construção de laços de coesão social, afirmação identitária e tensão criadora, com todos os aspectos positivos e negativos implicados neste processo. Nossas maneiras de jogar bola e assistir aos jogos dizem muito sobre as contradições, violências, alegrias, tragédias, festas e dores que nos constituíram como povo.

O processo de esvaziamento do futebol como cultura reduz o jogo ao patamar de mero evento. Contamina, inclusive, o vocabulário, que perde as características peculiares do boleiro e se adequa ao padrão aparentemente neutro do jargão empresarial. O craque passa a ser o "jogador diferenciado", o reserva é a "peça de reposição", o passe vira "assistência", o campo é a "arena multiuso" e o torcedor é o "espectador" e o "cliente". As conquistas não são mais comemoradas em campo, mas em eventos fechados, sob a chancela de patrocinadores e com a participação do "torcedor virtual", aquele chamado a se manifestar pelas redes sociais a partir do que verifica na televisão. Mais grave é constatar que o exemplo do futebol não é a exceção. A regra é gentrificar. A cidade do Rio de Janeiro, em virtude da chamada "era dos grandes eventos", viveu a mais agressiva gentrificação de sua história recente.

Penso nas arenas futebolísticas e acho inevitável comparar com o Parque Madureira, com o elevador no Morro do Cantagalo, com o projeto de revitalização da Zona Portuária e similares. O discurso do embelezamento urbano, do ecologicamente correto, da dignidade do morador é acompanhado da especulação do solo urbano e da ruptura criminosa de laços comunitários, com a saída de uma população que não consegue mais pagar o aluguel ou não tem como adquirir o imóvel na área embelezada.

RICARDO BELIEL

Há ainda um discurso hegemônico na mídia que glorifica o embelezamento e esconde as contradições sociais que ele traz. A limpeza social é silenciosa, enquanto a limpeza urbana toca seus tambores, se apropria de códigos do que ela mesma destrói e domina, pela propaganda, os corações e mentes.

Sugiro que este processo possa ser pensado a partir do conceito aparentemente paradoxal de 'perversidade do bem'. É bom ver o jogo confortavelmente; é bom ter um camarote climatizado; é bom ter uma área verde no coração de Madureira; é bom um elevador que facilite a acessibilidade ao Cantagalo; é bom ter bicicletas disponibilizadas por bancos; é bom ver o Porto Maravilha ser a porta de entrada do Rio de Janeiro (uso, propositalmente, os jargões empresariais deste processo). Mas é de uma perversidade castradora, higienista, desarticuladora de laços comunitários, fria como um museu virtual, adequada ao delírio dos barões do mercado imobiliário. É bom, mas não é para todos. Está longe de ser. É perverso quando se apropria dos ícones de um local e louva estes ícones para destruí-los ou submetê-los a escusos interesses.

Essa história, que tem um momento emblemático na destruição da geral, nos permite propor que não era exatamente a geral — um local certamente precário para se assistir aos jogos, mas acessível, por ser muito barato, e apropriado pela população mais pobre com estratégias performáticas de viver o estádio como terreiro — que teria que sumir do negócio do futebol. Eram os geraldinos que não cabiam mais nele.

O BEM TOMBADO

APESAR DAS REFORMAS IMPACTANTES em tão curto espaço de tempo — a colocação de cadeiras nas arquibancadas, no ano 2000, e o fim da geral, em 2005 — não havia ninguém em sã consciência que imaginasse alguma intervenção mais profunda nos anéis superiores e na marquise. A razão é simples: o Maracanã era tombado pelo Instituto de Patrimônio Histórico e Artístico Nacional (Iphan).

O Iphan — que acabará tendo uma participação no mínimo polêmica em relação ao Maracanã — foi criado no dia 13 de janeiro de 1937, durante o governo Vargas, pela Lei 378. O órgão inicialmente se chamou Serviço do Patrimônio Histórico e Artístico Nacional (Sphan). O projeto de lei foi elaborado por Mário de Andrade e Rodrigo Melo Franco de Andrade. Nas discussões sobre as funções que o órgão teria, participou um timaço que incluía Carlos Drummond de Andrade, Lúcio Costa, Manuel Bandeira e Oswald de Andrade.

A criação do órgão foi resultado de um processo que vinha amadurecendo desde pelo menos o início da década de 1930, quando a Era Vargas trazia em seu bojo debates e reflexões sobre a questão da identidade nacional brasileira. A Inspetoria de Monumentos Nacionais, criada em 1933, foi o primeiro órgão voltado para a preservação do patrimônio no Brasil. A inspetoria tinha como principais finalidades evitar que objetos antigos, referentes à história nacional, fossem retirados do país em virtude do comércio de antiguidades, e que edificações históricas fossem destruídas por conta das reformas urbanas, a pretexto de modernização das cidades.

A Constituição de 1988 estabelece que o poder público tem a obrigação de zelar pelo patrimônio brasileiro. Ao fazer isso, designa as atuais funções do Iphan, adequando o órgão ao contexto das discussões sobre memória, patrimônio e cultura. Segundo a constituição, o Iphan tem a função de proteger

> os bens de natureza material e imaterial, tomados individualmente ou em conjunto, portadores de referência à identidade, à ação, à memória dos diferentes grupos formadores da sociedade brasileira, nos quais se incluem: I — as formas de expressão; II — os modos de criar, fazer e viver; III — as criações científicas, artísticas e tecnológicas; IV — as obras, objetos, documentos, edificações e demais espaços destinados às manifestações artístico-culturais. V — os conjuntos urbanos e sítios de valor histórico.

Reparem que o Maracanã se enquadra em praticamente todos os itens. O primeiro sinal para a iniciativa do tombamento partiu do secretário de Cultura do Ministério da Educação e Cultura (MEC) do governo de João Figueiredo, no início da década de 1980, Marcos Villaça.

Segundo Villaça (Cid; Melo, 2019), a ideia do tombamento surgiu durante um jogo entre Brasil e Argentina, válido pela Copa América, quando o lateral-esquerdo brasileiro Júnior errou um passe e recebeu uma vaia estrepitosa. O secretário não se recordava exatamente do jogo, mas lembrava que, ao ouvir a vaia em um Maracanã cheio, ficou impressionadíssimo com o clima do estádio e a maneira como a arquitetura monumental dava ares épicos a um jogo de futebol.

Apesar da ideia de Villaça, o tombamento do estádio só foi concluído no ano 2000. O conselho consultivo do Iphan acatou o parecer do relator Nestor Goulart Reis Filho, historiador e professor titular da Faculdade de Arquitetura e Urbanismo da Universidade de São Paulo:

> O urbanismo e a arquitetura (sobretudo as obras de uso coletivo) têm uma dimensão simbólica, que ultrapassa os limites dos aspectos utilitários. Mas poucas vezes a monumentalidade reúne qualidades simbólicas de caráter democrático. Em geral, as obras monumentais são afirmações de poder sobre o povo. Neste caso, ocorre o contrário. O Maracanã tem a monumentalidade da massa que o utiliza, à qual representa. Não deve ser descaracterizado[51].

Os pesquisadores do Iphan Adler de Castro e Regina Pinheiro sugeriram a inscrição do Estádio do Maracanã em três Livros do Tombo: Arqueológico, Etnográfico e Paisagístico; Histórico; e das Belas Artes. A recomendação final do Conselho Consultivo do Patrimônio Cultural, favorável ao tombamento, foi a inscrição do Estádio do Maracanã no Livro do Tombo Arqueológico, Etnográfico e Paisagístico. No parecer favorável ao tombamento — de número 008/97 — a relevância arquitetônica do estádio foi ressaltada por Adler e Regina:

> Que o projeto arquitetônico apresenta particularidades audaciosas para a sua época, no que se refere à concepção e à técnica. Isto além de ter sido propositalmente construído como um monumento, no sentido estrito do termo, ou seja, obra ou construção que se destina a transmitir à posteridade a memória de fato ou pessoa notável, dentro de uma proposta política de engrandecimento do Estado, conforme consta do histórico do estádio (...)[52].

---

[51] Disponível em https://apublica.org/2017/03/anatomia-de-um-crime/, acesso em outubro de 2020.

[52] Disponível em http://www.direitoamoradia.fau.usp.br/?p=4466&lang=pt, acesso em outubro de 2020.

As duas primeiras grandes intervenções no Maracanã acabaram sendo aceitas pelo Iphan. Houve discordâncias, baseadas na ideia de que o fim da geral retirava o simbolismo do projeto inicial, ao liquidar o caráter democrático proposto no setor e sugerir a ausência das classes mais baixas no estádio em um futuro muito próximo. Neste caso, as reformas representariam uma descaracterização violadora do tombamento[53]. O órgão entendeu que as cadeiras não alteravam a forma elíptica do estádio.

---

[53] Ver: Martins, Maria Clara Amado. O caso Maracanã: a arquitetura moderna e as teorias de restauro. *III Congresso Iberoamericano y XI Jornada Técnicas de Restauración y Conservación del Patrimonio*. Disponível em https://digital.cic.gba.gob.ar/bitstream/handle/11746/257/11746_257.pdf?sequence=1&isAllowed=y, acesso em 10 de julho de 2020. Maria Clara Amado Martins é Professora Doutora da Universidade Federal do Rio de Janeiro.

O DESTOMBAMENTO

A COPA DO MUNDO DE 2014 foi a mais lucrativa da história. A Fifa obteve mais de R$ 1 bilhão em isenções de impostos e teve um lucro na casa de R$ 9 bilhões. Quando o Maracanã fechou para as obras do Pan-Americano de 2007, argumentou-se que a dinheirama usada já deixaria o estádio tinindo para a Copa.

Não foi sem alguma surpresa, e uma boa dose de melancolia, que o Maracanã fechou de novo no dia 5 de setembro de 2010. Depois de um Flamengo e Santos modorrento, com um 0 x 0 de pouquíssimas emoções testemunhado por cerca de 35 mil pessoas, o Estádio Jornalista Mário Filho fechou para obras. O placar se despediu dos torcedores com a mensagem "Volto já". E o velho Maracanã nunca mais voltou.

Em abril de 2011, o superintendente do Iphan, Carlos Fernando de Souza Leão de Andrade, autorizou a demolição da marquise do Maracanã. Segundo o secretário de obras do governo estadual, Hudson Braga, a demolição da marquise era uma exigência do "padrão de visibilidade exigido pela Fifa". Na prática, ao autorizar a demolição da marquise e do anel superior, o superintendente do Iphan autorizou a destruição do estádio.

Segundo Carlos Fernando, a destruição da marquise era legal, porque o tombamento do Maracanã se justificou pelo valor etnográfico do estádio, e não pelas características arquitetônicas. Ou seja, para ele, era a prática do futebol e toda a atmosfera que envolvia o esporte que estava tombada. Segundo a interpretação do superintendente, a arquitetura do Maracanã não era protegida pelo patrimônio. Se construíssem um *shopping center* e colocassem alguém jogando bola nos corredores, estava tudo certo.

A autorização de Carlos Fernando foi repudiada com veemência por gente do próprio Iphan. O conselheiro Nestor Goulart Reis Filho insistiu que demolir a marquise e as arquibancadas era destruir o estádio. Nestor e a arquiteta Cláudia Girão, que haviam defendido o parecer do tombamento etnográfico do Maracanã, declararam-se chocados em ver a argumentação que Carlos Fernando usou para autorizar a destruição do estádio: a de que o tombamento etnográfico não incluía a relevância arquitetônica. Nestor fez constar em ata no Iphan a sua contrariedade: "Não conheço obra de demolição em edifício tombado; nunca vi. Só conheço obra de restauração e conservação, aqui e no mundo inteiro. Destruir obras tombadas é crime e todos aqueles que participam disso são responsáveis criminalmente"[54].

Carlos Fernando, ao justificar a autorização para a derrubada da marquise, argumentou que ela oferecia perigo aos torcedores, com risco de cair, segundo laudo da Empresa de Obras Públicas do Estado (Emop). Uma das engenheiras contratadas pelo Governo do Estado para analisar a marquise, a espanhola Maria del Cármen de Andrade, negou ter cravado a queda futura da cobertura: "Algo tinha que ser

---

[54] Disponível em https://agenciasportlight.com.br/index.php/2017/01/05/um-crime--deve-ser-desfeito-um-plebiscito-ja-para-derrubar-o-new-maracana/, acesso em outubro de 2020.

feito, mas demolir não era imprescindível, também poderiam ser feitos reparos"[55].

Os repórteres Lúcio de Castro e Gabriela Moreira, investigando a demolição do estádio, revelaram que Carlos Fernando estava cedido ao Iphan, mas era funcionário do Governo do Estado do Rio de Janeiro, com matrícula na Secretaria de Obras, a mesma interessada na autorização para demolir a marquise[56]. O Ministério Público Federal indiciou o superintendente do Iphan e o presidente da Emop. Para o MPF, por lei apenas a Presidência da República poderia autorizar uma intervenção em um bem tombado, como aconteceu no Rio de Janeiro. O MPF foi peremptório: "A marquise do Maracanã não pode ser demolida, porquanto haveria violação cabal ao disposto no art. 17 do Decreto-Lei 25/1937; que veda a demolição/mutilação de bens tombados". Carlos Fernando e o presidente da Emop, Ícaro Moreno, acabaram absolvidos.

No excepcional trabalho de reportagem investigativa "Dossiê Maracanã", Lúcio e Gabriela tiveram acesso também, através da Lei de Acesso à Informação, às atas das reuniões do Conselho Consultivo do Iphan. Também tive acesso às atas para a elaboração deste livro. Numa delas, que contou com a presença de Ana de Holanda, na ocasião ministra da Cultura, o conselheiro Ulpiano Bezerra de Menezes classificou a decisão que autorizou a destruição da marquise como "escandalosamente inaceitável".

---

[55] Disponível em https://www.uol.com.br/esporte/futebol/copa-2014/ultimas-noticias/2011/05/17/demolicao-de-cobertura-do-maracana-e-iniciada-e-causa-polemica-no-rio.jhtm, acesso em outubro de 2020.

[56] A reportagem "Dossiê Maracanã" está disponível no site da ESPN Brasil, em http://www.espn.com.br/noticia/330860_dossie-maracana-superintendente-do-iphan-que--autorizou-bota-abaixo-do-maracana-e-funcionario-do-governo-do-estado, acesso em 10 de julho de 2020.

O fato é que o estádio foi praticamente destruído. A marquise foi derrubada e uma nova cobertura, de padrão similar a diversas arenas europeias, foi erguida, cobrindo 95% dos assentos. As novas cadeiras têm um padrão de cores idêntico ao da Arena Olímpica de Kiev, na Ucrânia, construída para a Eurocopa de 2012. A semelhança entre os dois estádios é notável. Tudo indica, porém, que o estádio ucraniano tem uma diferença bem significativa em relação ao novo Maracanã: não serviu como um verdadeiro manancial de propinas, extorsão, superfaturamento, suborno e coisas do gênero.

CRIME E CASTIGO

O ESCÂNDALO QUE ENVOLVEU A DESTRUIÇÃO do Maracanã e a construção da nova arena, acrescido da decisão do governo de Sérgio Cabral de fazer a privatização do Maracanã a toque de caixa, começou a ser destrinchado quando a relação promíscua entre o governo e as empreiteiras veio à tona. Não é objetivo deste trabalho detalhar em minúcias o esquema que envolveu o governo de Sérgio Cabral e as empreiteiras Delta, Odebrecht e Andrade Gutierrez, responsáveis pelas obras tocadas pelo governo durante os megaeventos. Podemos, todavia, sintetizar como o esquema operava.

As relações perigosas entre Sérgio Cabral e as empreiteiras começaram a se tornar públicas quando se descobriu que o governador era contumaz utilizador do avião particular de Fernando Cavendish, dono da Delta. A proximidade foi descortinada por uma tragédia: um acidente de helicóptero no litoral da Bahia matou sete pessoas. O destino era a festa de aniversário de Cavendish, em Trancoso. Dois dos convidados, que iriam em outro voo, eram Sérgio Cabral e o filho Marco Antônio. A namorada de Marco Antônio, Mariana Noleto, e a mulher de Cavendish, Jordana, estavam entre as vítimas do acidente.

No contexto da revelação sobre as relações pessoais do governador com o dono da construtora que mais venceu licitações para fazer obras do governo, vazaram as fotos de um convescote em Paris realizado tempos antes. Cabral estava com uma comitiva — ao lado de Cavendish — torrando uma fortuna na capital francesa com exibições bizarras de deslumbramento.

O pretexto da farra foi a comemoração da comenda da *Légion D´Honneur* que Cabral havia recebido do governo francês, em 2009. Para celebrar a honraria, o governador ofereceu um banquete para 150 pessoas no salão *The Travellers Club*, um dos espaços mais luxuosos do Hotel La Paiva, na Champs-Élysées. Construído na segunda metade do século 19, o hotel pertenceu à marquesa Esther Lachmann, famosa cortesã parisiense da *Belle Époque*. Os festejos da comemoração da comenda custaram a bagatela de R$ 1,5 milhão[57].

A festa começou a esquentar quando uma cantora de Monte Carlo resolveu se sentar no colo de Cabral durante uma performance sensual e foi repelida por Adriana Anselmo, mulher do governador. Para aliviar o clima pesado com a reação de Adriana, um casal de convidados simplesmente começou a dar um show de sapateado sobre uma mesa modelo Luís XV, para choque de um *maître* que tentou contê-los. No meio da festança, os animados secretários de governo Wilson Carlos e Sérgio Cortes resolveram, com os empresários Georges Sadala e Fernando Cavendish, puxar um típico trenzinho pelo salão, com guardanapos amarrados na cabeça. O jantar nababesco durou quatro horas. Foram consumidas 300 garrafas de champanhe Dom Pérignon e do vinho português Barca Velha.

---

[57] A "farra dos guardanapos" foi fartamente explorada em reportagens de diversos órgãos de imprensa. As informações detalhadas sobre o famoso jantar estão no livro de Silvio Barsetti "A farra dos guardanapos: o último baile da Era Cabral" (Rio de Janeiro: Máquina de Livros, 2018). O título faz referência ao Baile da Ilha Fiscal, o último baile da monarquia. A festa na Ilha Fiscal aconteceu em 9/11/1889, seis dias antes da Proclamação da República. No baile, foram consumidos 800 kg de camarão e 10 mil litros de cerveja, além de vastíssimo cardápio.

Uma operação abafa foi montada previamente por Cabral para que a farra não fosse divulgada. As fotos da esbórnia, todavia, acabaram vazando misteriosamente três anos depois. O trenzinho dos guardanapos foi revelado em 2012, no blog do ex-governador Anthony Garotinho, ex-aliado e então desafeto de Cabral. Com a expansão das investigações sobre as obras tocadas pelo governo estadual para os megaeventos, parte da Operação Lava Jato no Rio de Janeiro, e diante de forte pressão popular que sacudiu o Brasil inteiro em junho de 2013, a casa de Cabral caiu.

As investigações e delações de envolvidos mostraram que um esquema de propinas foi articulado às obras realizadas entre 2007 e 2014. Em relação ao Maracanã, a propina cobrada pelo próprio governador foi de 5%, valor de praxe nas obras governamentais do período. O Tribunal de Contas do Estado levou 1% do valor total para distribuir entre os conselheiros envolvidos.

Em meio ao propinoduto, o governo tocou o projeto de privatização do estádio. A Odebrecht ganhou a concorrência, em um processo recheado de desconfianças, para administrar o estádio por 35 anos, em consórcio tocado por ela (90%), pela IMX (5%) e pela AEG (5%). Ao vencer a licitação, a Odebrecht teria o direito de demolir o Parque Aquático Júlio Delamare e o Estádio de Atletismo Célio de Barros. No lugar, o consórcio construiria um *shopping center* e dois edifícios-garagem.

Os envolvidos no processo de privatização do complexo esportivo talvez não esperassem que setores da sociedade civil se mobilizassem vigorosamente para acompanhar e fiscalizar os efeitos dos megaeventos sobre a cidade. O Comitê Popular Rio, Copa e Olimpíadas, criado com um modelo similar ao de organizações de outras cidades impactadas por megaeventos — como Atenas, Cidade do Cabo e Barcelona — entrou de cabeça na campanha "O Maraca é nosso!".

As denúncias sobre o processo de privatização eram fartas. A empresa IMX, de Eike Batista, foi contratada para preparar o edital de concessão no qual ela mesma concorreu e ganhou. O valor pago pelo consórcio não recuperaria nem 15% do que foi investido em diversas reformas. A proposta de demolição do estádio de atletismo, do parque aquático e da Escola Friedenreich eram lesivas ao interesse público[58].

O caso da Escola Friedenreich, ao lado do estádio de futebol, ganhava contornos inacreditáveis. A escola municipal, referência na rede pública carioca, seria destruída para a construção de duas quadras de aquecimento de atletas que seriam utilizadas apenas para os jogos da Copa do Mundo de 2014. O argumento do poder público era sempre o mesmo, sacado da manga do colete como arma em salão do Velho Oeste nos filmes de *cowboy*: exigência da Fifa.

Em entrevista concedida ao documentário "Geraldinos", de Pedro Asbeg e Renato Martins, Lúcio de Castro vaticinou que o Maracanã, como uma entidade poderosa, ainda se vingaria de seus algozes. Em uma parte do depoimento, que acabou não entrando no filme, Lúcio disse que Sérgio Cabral, depois de ter subido diversas vezes a rampa do estádio levado pelo pai para torcer pelo Vasco, acabaria sentindo o peso do Maracanã em suas costas. A declaração do repórter, movida pela indignação e pelo tom de desabafo desalentado, acabou virando uma espécie de profecia. Apenas para ficar entre os tubarões do negócio, até o fim desta pesquisa Sérgio Cabral e Hudson Braga, secretário de obras, continuavam presos. Régis Fichtner, ex-chefe da Casa Civil de Cabral, foi preso, saiu da cadeia e voltou ao xilindró. Fernando Cavendish foi preso, passou do regime fechado para a prisão domiciliar e responde em liberdade a diversos processos, que envolvem lavagem de dinheiro, caixa dois, propinas, envolvimento com o bicheiro Carlinhos Cachoeira etc.

---

[58] O Comitê Popular Rio Copa e Olimpíadas mantém na rede um site com vasto material sobre os megaeventos e seus efeitos. Disponível em https://comitepopulario.wordpress.com, acesso em 11 de julho de 2020.

Eike Batista, dono da IMX, uma das empreiteiras envolvidas nas obras do Maracanã e no processo de privatização do estádio, foi condenado em 2019 por corrupção ativa — por pagamento de propina ao esquema de Cabral (a 30 anos de prisão) — e lavagem de dinheiro na Operação Eficiência (a oito anos). Esteve na cadeia e foi para a prisão domiciliar. Em junho de 2020 foi condenado a mais oito anos de prisão em regime semiaberto por manipulação do mercado financeiro. Eike foi acusado de mentir aos investidores ao divulgar pelos quatro cantos incríveis descobertas de petróleo na Bacia de Santos. Apareceu ao lado da presidente Dilma Rousseff, com martelo de leiloeiro e fantasiado de petroleiro, lançando ações de sua empresa no mercado de capitais. Plantou em nota na imprensa que a tal reserva era equivalente a dois bilhões de barris de petróleo.

No auge dos megaeventos, Eike era capa de revista e referência em diversas mídias como empreendedor corajoso e sagaz. Seus feitos mereciam destaque quase diário em importante coluna do jornal O Globo, assinada pelo jornalista Ancelmo Gois. Dia sim, dia não, aparecia alguma nova ideia incrível do "Eike sempre ele Batista". Foi personagem de um editorial entusiasmado da revista Veja, que o comparou ao chinês Deng Xiaoping. O editorial cravava:

> É de celebrar o triunfo desse espírito empreendedor. O brasileiro já foi identificado com o derrotismo do Jeca Tatu ou, na metáfora futebolística popular, com a visão de mundo que chancela o fracasso mórbido de Garrincha, mas desconfia do saudável sucesso universal de Pelé. A reportagem desta edição de VEJA captura esse momento especial de glorificação da riqueza produzida com trabalho, honestidade, investimento pessoal e coragem para correr riscos. Ele é o símbolo de um tempo mais generoso para todos os brasileiros[59].

---

[59] Veja, edição de 23/01/2012.

O símbolo deste "momento especial de glorificação da riqueza" e de "um tempo mais generoso para todos os brasileiros" fez virar fumaça algo em torno de R$ 100 bilhões de seus investidores[60].

No momento em que escrevo essas linhas, o destino do Estádio do Maracanã é incerto. Aliás, me permito a correção. O destino do Complexo Maracanã Entretenimento S.A. é incerto. O Estádio Jornalista Mário Filho, o Maracanã, afetuosamente apelidado de Maraca pela cidade que o construiu e que nele inventou modos de torcer e viver, foi destruído.

---

[60] O imbróglio do Maracanã parece estar longe de terminar. Da privatização do estádio até 2019, a Arena Maracanã é um fardo difícil de carregar. A Odebrecht tentou rapidamente se livrar do estádio — com o argumento de que não pode realizar as obras que viabilizariam o negócio, com a construção do *shopping* e dos estacionamentos. A reação forte da sociedade civil organizada evitou a destruição do Parque Aquático Júlio Delamare, do Estádio de Atletismo Célio de Barros, da Escola Friedenreich e da Aldeia Maracanã. A empresa aventou a possibilidade de devolver o estádio ao estado do Rio de Janeiro. Parece ansiar por isso. O governo recusou. O grupo francês Lagardére manifestou interesse em assumir a administração do Complexo Maracanã Entretenimento S.A., mas pulou fora alegando insegurança jurídica. Em setembro de 2018, o juiz Marcelo Alvarenga Leite, da 9ª Vara Pública do Rio de Janeiro, considerou o processo de licitação do Maracanã nulo e determinou a devolução da administração do estádio ao governo do estado do Rio de Janeiro. Flamengo e Fluminense têm mandado seus jogos na arena. O rubro-negro tem contrato com a concessionária que administra o estádio para mandar seus jogos até 2020. O clube manifestou interesse em assumir a administração caso a Odebrecht — que detém ainda 95% das ações do negócio; os outros 5% estão com o Estado do Rio de Janeiro — consiga devolver o complexo. O governo estadual recorreu e o impasse continua. O governador do Rio de Janeiro, Wilson Witzel, que assumiu o mandato em 2019, declarou de cara que o Maracanã não pode ficar sob administração pública, apoiando a ideia de o Flamengo passar a ser o administrador. Uma nova licitação, estabeleceu-se naquele momento, terá que levar em consideração o Estádio Célio de Barros — tombado e abandonado, atualmente servindo como estacionamento ou alugado a um parque de diversões — e o Parque Aquático Júlio Delamare, usado por escolinhas e necessitando de reparos.

6

FRESTAS NO MURO

CIDADES SÃO TERRITÓRIOS EM DISPUTA, conforme mencionei em diversos momentos desse texto. A história e as histórias do Maracanã falam sobre isso: mais do que o estádio, é um modelo de cidade e de país que está em jogo desde que se imaginou, ainda na década de 1930, a construção de um complexo esportivo público no Rio de Janeiro.

A República no Brasil, instaurada em 1889, criou mecanismos para vetar o acesso das camadas populares aos canais de exercício formal da cidadania. A primeira constituição republicana excluía a maior parte da população do exercício do voto, tirava do Estado a responsabilidade pela educação dos brasileiros e não apresentava qualquer sinal de política pública de inclusão dos ex-escravizados e de seus descendentes.

A criminalização da vadiagem incidia na repressão às práticas culturais, formas de sociabilidade e de lazer do cotidiano dos pobres. Capital Federal da República naqueles tempos, o Rio de Janeiro foi um laboratório de políticas de assepsia, fundadas em discursos baseados no binômio civilização-higiene, que visavam restringir o contingente de pobres, em sua maioria pretos, aos bolsões de fornecimento de mão-de-obra desqualificada e barata.

Em contrapartida, as camadas populares construíram formas peculiares de exercer a cidadania — o direito à cidade — às margens do poder instituído. Falam sobre isso as maneiras como a população do Rio de Janeiro transformou a Festa da Penha em um carnaval fora de época, se apropriou das ruas no carnaval, exerceu suas práticas religiosas em terreiros escondidos e ambientes domésticos, criou um gênero de samba urbano sofisticado e surpreendente, e fundou as escolas de samba.

Fala sobre isso a maneira como os brasileiros se apropriaram do jogo inglês do futebol, viram no adversário o capoeirista oponente, gingaram com a bola no pé, ocuparam o vazio com o drible, síncope do corpo, e levaram aos gramados a ideia da vida como um desafio de amarração e desamarração. O jogo como roda de jongo.

A ideia de um estádio de massas, metáfora de uma perspectiva de Brasil que, com a Era Vargas, fundada em 1930, tateava a projeção de uma identidade nacional mestiça e cordial, ancorou a criação posterior do Maracanã. Não foi isenta de contradições. O estádio para todos, ao mesmo tempo, reservava aos mais pobres o espaço precário da geral e entregava arquibancadas de cimento quase rudimentares. Não obstante, geraldinos e arquibaldos encantaram o precário e construíram modos coletivos peculiares, originais e surpreendentes de torcer e usufruir do estádio.

O Maracanã presenciou grandes derrotas, gols de placa, tragédias, títulos épicos e modorrentos jogos de meio de semana. Viu balões ultrapassarem o céu de cimento das marquises, esperou Papai Noel com as crianças, bateu tambor com gira de macumba, rezou Pai Nosso com o papa e gritou "aleluia!" com o bispo exorcista. Foi do vôlei, do basquete, da luta livre. Testemunhou a angústia de candidatos de concursos públicos e vestibulares. Escutou sonoridades em shows diversos, nenhuma tão impactante como um gol gritado pela massa, o samba-enredo do ano ganhando os anéis do estádio, ou um "uhhh!" de estupor pelo gol que poderia ter sido.

O Maracanã foi destruído quando a própria ideia de Brasil que alicerçou a sua construção como um patrimônio público foi destruída também. É poderosa metáfora da grandeza dos nossos sonhos e do peso dos nossos fracassos. Construímos o maior estádio do mundo; sofremos o Maracanazo. Construímos a Vale do Rio Doce; destruímos o rio Doce.

O estádio virado em arena é a birosca da esquina gourmetizada em boteco de grife, é o espaço VIP no bloco de carnaval, é o camarote da cervejaria no Sambódromo, onde o que menos interessa é o desfile da escola de samba. É a *selfie* tirada na hora do gol para ser postada de imediato nas redes sociais: curtir a vida deu lugar à vida curtida nos *likes*.

A cidade como arena, e a arena como cidade, é aquela que não quer propiciar o encontro, mas a passagem ligeira de gente apressada. O futebol agora é negócio, indústria do entretenimento, precisa atrair uma clientela 'qualificada', com poder de consumo. O torcedor, desterritorializado, não precisa se queixar, basta comprar o *pay-per-view* em rateio com os amigos ou buscar o bar com televisão, com direito a ver o lance duvidoso por trinta ângulos diferentes. O jogo, no estádio, é pra ser mais contemplado que vivido.

Mas, alguma flor sempre insiste em brotar na fenda da muralha fria. A nova arena — que pretende homogeneizar o comportamento de quem vê o jogo — também é um campo em disputa. Estudos recentes, baseados na observação participante, indicam que novas formas de apropriação do estádio começam a se configurar. Na nova dinâmica espacial do Maracanã, um jogo — sempre ele — que envolve estratégias de negociação e conflito está em curso.

De 2013 para cá, tenho frequentado o Maracanã muito por conta do desenvolvimento deste livro. Ainda que continue com severas críticas ao evidente processo de elitização do público, é nítido perceber, por exemplo, que os setores superiores Norte e Sul, atrás dos gols, vêm sendo apropriados pelas torcidas de formas múltiplas, capazes de transitar entre a adequação à nova ordem espacial e a subversão a ela.

Torcedores ignorando os lugares marcados, assistindo aos jogos de pé, circulando livremente pela área delimitada com bandeiras e instrumentos de percussão (previamente verificados e liberados pelo aparato de segurança), pulando às vezes de pé nas próprias cadeiras mostram uma espécie de autonomia controlada nos modos de torcer. O cenário é bem diferente do que se verifica em outros setores do estádio, que parecem ter a alegria das enfermarias.

Novos coletivos de torcedores, muitos deles bem jovens, têm surgido no vácuo da criminalização e da desarticulação de diversas torcidas organizadas tradicionais e marcado seus espaços nessas áreas menos sujeitas à fiscalização. Têm em comum um discurso contra o confronto com adversários, o canto coletivo o jogo inteiro — independentemente do resultado ou do desempenho da equipe — e a ideia de que o jogo é uma celebração. São geralmente críticos ao 'futebol moderno', numa espécie de nostalgia do que não viveram, e buscam se apropriar do estádio de forma lúdica e apaixonada[61].

Aqui abro espaço para uma constatação de cunho familiar. Cresci frequentando o velho Maracanã ao lado do meu pai e do meu avô. Criei modos próprios, a partir da experiência coletiva, de me relacionar com o espaço do estádio. Naturalizei rituais da subida da rampa, desenvolvi manias, superstições, medos e expectativas que marcam as maneiras como reconstruo, em um exercício de lembrança e esquecimento, minha relação com o Maracanã e o futebol.

A saudade do estádio confunde-se, certamente, com a saudade de quem eu era no tempo em que o frequentava. Os perrengues, sufocos que passei para entrar no estádio lotado, o copo de xixi que explodiu na minha cabeça no jogo Brasil e Chile pelas eliminatórias da Copa de 1990 — jogo interrompido pela farsa de alguns jogadores chilenos em relação a um foguete que teria atingido o goleiro Roberto Rojas —, a sensação de que seria esmagado na roleta em mais de uma ocasião. Experiências nubladas por uma memória afetiva com o gosto da laranja-lima chupada perto da estátua do Bellini e a ilusão de que o balão com as cores do meu time não lamberia batendo na marquise.

---

[61] A edição do jornal Extra do dia 02/04/2017 veio com a reportagem "Barras de Fla e Flu: novas torcidas se unem por paz e se diferenciam por apoio incondicional". A reportagem enfocou a Bravo 52, do Fluminense, e a Nação 12, do Flamengo. Outras torcidas com a mesma perspectiva são a Guerreiros do Almirante e a Loucos pelo Botafogo.

O meu filho não viu o antigo Maracanã. Começou a frequentar o estádio 'arenizado' — para mim, desencantado — e continua indo aos jogos. Ao fazer isso, percebo que ele, assim como outras crianças e adolescentes que frequentam o Maracanã, está construindo a relação afetiva com o novo espaço, inventando do seu modo maneiras de torcer, se inserindo nas performances coletivas e ensaiando particularidades em seu processo de formação como torcedor. Grande parte das crianças e dos jovens cariocas, entretanto, não conseguirão fazer isso.

Para este trabalho, conversei com dezenas de frequentadores do antigo e do novo estádio. A sensação generalizada é de que o que ocorreu com o Maracanã foi um crime contra a cidade. Diversos frequentadores do velho e do novo Maracanã apontam que, atualmente, se sentem mais seguros e têm uma visão melhor do jogo. Entre as mulheres, essa observação foi unânime. A maioria ressalta que este aparente ganho em segurança e visibilidade veio acompanhado de um esfriamento da 'atmosfera' do estádio e da partida. O tal do 'clima' do jogo, envolvendo uma série de eventos, práticas rituais de envolvimento com a partida e o comportamento coletivo dos torcedores, esvaziou-se de sentidos mais amplos. Um torcedor relatou que o clima é "melhor, mais tranquilo, mas é meio brocha". Outro, em conversa realizada no intervalo de uma partida, falou em "público de jogo de vôlei".

Uma operadora de telefonia celular realizou, em abril de 2018, uma pesquisa com torcedores sobre a utilização de aparelhos telefônicos no Maracanã. O objetivo declarado pela empresa era "pautar novas ações de ativação de patrocínio". O resultado da pesquisa indica que 73% dos torcedores usam telefone celular durante o jogo para tirar *selfies* e fotos da partida, e 52% trocam mensagens em redes sociais enquanto a bola rola[62].

---

[62] Disponível em https://maquinadoesporte.uol.com.br/artigo/tim-pesquisa-habito-de--torcedores-com-o-celular-em-estadios_34392.html, acesso em 11 de julho de 2020.

Não sabemos ainda o que virá daí, se novas formas de torcer conseguirão se impor nas novas arenas com alguma autonomia — ou, quem sabe, com bastante autonomia — em relação às estratégias de controle de público, incluindo os mecanismos de contenção e domesticação dos corpos que torcem. A assepsia plena — provavelmente desejada pelos novos donos do negócio do futebol — parece ser virtualmente impossível. Nas fendas do muro, algumas plantas insistem em romper o cinza.

Um dos mais agudos estudos a respeito dos impactos das novas arenas sobre as formas de torcer e as culturas dos estádios brasileiros é o de Irlan Simões, mestre em Comunicação pela Uerj. Irlan (2017) mostra que, se por um lado a arenização enquadrou as torcidas como clientela, por outro surgiram movimentos contundentes de resistência que discutem a luta por um futebol popular e pela democratização da gestão dos clubes, diante do fracasso da maioria das novas arenas. O jogo não acabou.

O geógrafo botafoguense Gilmar Mascarenhas, já citado e provavelmente o mais arguto e instigante pesquisador sobre o processo de construção das novas arenas e suas repercussões nos modos de torcer, deu uma pista preciosa sobre os caminhos que talvez se imponham ao Maracanã e aos seus frequentadores:

> O espaço concebido pelos atores hegemônicos para a 'arena' Maracanã não conseguiu se impor plenamente aos conteúdos e tradições produzidos pelo espaço vivido do estádio. Ao mesmo tempo, ambos não compõem entes indissociáveis. Acreditamos que seja viável a construção de um ambiente inclusivo, que combine o resgate de aspectos positivos relacionados ao estádio popular, compreendido como uma forma de fazer cidade, de ter direito à festa, ao encontro, inventividade coletiva, com os novos e antigos frequentadores após a sua arenização[63].

---

[63] Ver Mascarenhas, Gilmar. Maracanã: um rio que virou represa. Disponível em www.ludopedio.com.br, acesso em 11 de julho de 2020.

Glosando o mote proposto por Irlan Simões e por Gilmar Mascarenhas, prematuramente falecido no auge de sua produção intelectual de ponta, concluo que a criação inventiva — fundamentada em uma sabedoria que provavelmente só a própria escassez é capaz de produzir — de novos modos de festejar, tecer laços de sociabilidade, celebrar o encontro e transformar o território funcional em terreiro ritualisticamente praticado não aponta apenas para uma possível subversão nas frestas do estádio arenizado. É de algo mais amplo que se trata.

A saga de paixão, vida e morte do Maracanã fala menos sobre o estádio que sobre o Rio de Janeiro e o Brasil. E fala mais ainda, pairando como sombra e espírito do que já não há, sobre as alegrias e desassossegos de cada um de nós, como os balões lambendo em chamas na marquise da memória de tudo aquilo que poderíamos ter sido entre o sonho e o gol.

REFERÊNCIAS

AGOSTINO, Gilberto. *Vencer ou morrer: futebol, geopolítica e identidade nacional*. Rio de Janeiro: Mauad, 2002.

ALBUQUERQUE, Almir. *Eu e o futebol*. São Paulo: Biblioteca Esportiva Placar, 1973.

ALENCAR, Bruno Holanda. *Castor de Andrade e o jogo do bicho: um ensaio sobre violência urbana na cidade do Rio de Janeiro*. Trabalho de conclusão de curso de graduação em Ciências Sociais. Niterói: UFF, ICHF, 2017.

ALMEIDA, Rosângela de Sena. *De Copa a Copa: memórias do estádio de futebol do Maracanã*. Tese de Doutorado em Memória Social. Rio de Janeiro: Unirio, 2014.

ALVITO, Marcos. *A Rainha de chuteiras: um ano de futebol na Inglaterra*. Rio de Janeiro: Apicuri, 2014.

ANDERSON, Benedict. *Comunidades Imaginadas. Reflexões sobre a origem e difusão do nacionalismo*. São Paulo: Companhia das Letras, 2008.

ASSAF, Roberto; MARTINS, Clovis. *Mundo das Copas do Mundo*. Rio de Janeiro: Irradiação Cultural, 1998.

ASSAF, Roberto; MARTINS, Clovis. *História dos campeonatos cariocas de futebol*. Rio de Janeiro: Maquinária Editora, 2010.

BARSSETI, Silvio. *A Farra dos Guardanapos: o último baile da Era Cabral*. Rio de Janeiro: Máquina de Livros, 2018.

BRANCO, Lúcio. *Barba, cabelo e bigode: um livro-documentário*. Rio de Janeiro: Azougue Editorial, 2018.

CALAZANS, Fernando. *O nosso futebol*. Rio de Janeiro: Mauad, 1998.

CASTRO, Marcos de; MÁXIMO, João. *Gigantes do futebol brasileiro*. Rio de Janeiro: Lidador, 1965.

CASTRO, Ruy. *O Anjo Pornográfico: a vida de Nelson Rodrigues*. São Paulo: Companhia das Letras, 1992.

CASTRO, Ruy. *Estrela Solitária: um brasileiro chamado Garrincha*. São Paulo: Companhia das Letras, 1995.

CID, Gabriel da Silva Vidal; MELO, Erick Omena de. *Vida e morte do Maracanã: a batalha do estádio em dois atos*. Rio de Janeiro: Revista Estudos Históricos, 2019.

COUTINHO, Edilberto. *Maracanã, adeus: onze histórias de futebol*. Rio de Janeiro: Editorial Caminho, 1984.

DAFLON, Rogério. *Anatomia de um crime*. Disponível em https://apublica.org/2017/03/anatomia/de/um/crime/, acesso em 18/07/2018.

DRUMMOND, Maurício. O esporte como política de estado: Vargas. In. MELO, Victor Andrade; DEL PRIORE, Mary. *História do esporte no Brasil*. São Paulo: Editora Unesp, 2009.

DUARTE, Orlando. *Todas as Copas do Mundo*. São Paulo: Votorantim, 1987.

ELIADE, Mircea. *Tratado de história das religiões*. São Paulo: Martins Fontes, 2010.

FERREIRA, Fernando da Costa. *O estádio de futebol como arena para a produção de diferentes territorialidades torcedoras*: inclusões, exclusões, tensões e contradições presentes no novo Maracanã. 2017. 437 f. Tese (Doutorado em Geografia) — Programa de Pós-Graduação em Geografia, Universidade do Estado do Rio de Janeiro, 2017.

FRANCO JR, Hilário. *Dando tratos à bola: ensaios sobre futebol*. São Paulo: Companhia das Letras, 2017.

FRANZINI, Fábio. *A futura paixão nacional: chega o futebol*. In. MELO, Victor Andrade; DEL PRIORE, Mary. História do esporte no Brasil. São Paulo: Editora Unesp, 2009.

GLASS, Ruth. *London: Aspects of change*. Londres: MacGibbon & Kee, 1964.

GUEDES, Simone Lahud. Futebol e identidade nacional: reflexões sobre o Brasil. In. MELO, Victor Andrade; DEL PRIORE, Mary. *História do esporte no Brasil*. São Paulo: Editora Unesp, 2009.

HAMILTON, Aidan. *Um jogo inteiramente diferente*. Rio de Janeiro: Gryphus, 2000.

HELAL, Ronaldo; SOARES, Antônio Jorge; LOVISOLO, Hugo. *A invenção do país do futebol: mídia, raça e idolatria*. Rio de Janeiro: Mauad, 2001.

HOLLANDA, Bernardo B. *O clube como vontade e representação: o jornalismo esportivo e a formação das torcidas organizadas de futebol no Rio de Janeiro*. Rio de Janeiro: 7 letras, 2009.

LIGIÉRO, Zeca; DANDARA. *Iniciação à Umbanda*. Rio de Janeiro: Pallas, 2018.

LISPECTOR, Clarice. *Onde estivestes de noite*. Rio de Janeiro: Rocco, 1999.

LOPES, Nei; SIMAS, Luiz Antonio. *Dicionário da história social do samba*. Rio de Janeiro: Civilização Brasileira, 2016.

LOPES, Nei. *Dicionário Banto do Brasil*. Rio de Janeiro: Pallas, 2003.

MÁRIO FILHO. *O negro no futebol brasileiro*. Petrópolis: Firmo, 1994.

MASCARENHAS, Gilmar. *Entradas e Bandeiras: a conquista do Brasil pelo futebol*. Rio de Janeiro: EdUERJ, 2014.

MASCARENHAS, Gilmar. *Maracanã, um rio que virou represa*. Disponível em http://www.ludopedio.com.br/arquibancada/maracanã-um-rio-que-virou-represa, acesso em 22/03/2018.

MASCARENHAS, Gilmar. *O direito ao estádio*. Disponível em https://medium.com/puntero-izquierdo/o-direito-ao-estádio--ae73eb43848f, acesso em 12/10/ 2018.

MÁXIMO, João; DIDIER, Carlos. *Noel Rosa: uma biografia*. Brasília: Linha Gráfica Editora, 1990.

MÁXIMO, João. *Maracanã, meio século de paixão*. Rio de Janeiro: Editora DBA, 2000.

MÁXIMO, João. *Brasil, um século de futebol: arte e magia*. Rio de Janeiro: Aprazível Edições, 1996.

MELO, Eric Omena de. *Megaeventos esportivos e movimentos sociais: impactos sobre os processos de mobilização e participação popular nas políticas públicas*. 36º Encontro Anual da Anpocs. GT 09. Esporte e Sociedade, 2012.

MELO, Eric Omena de. *Percepções urbanas em jogo: os impactos da Copa do Mundo de 1950 à luz da imprensa carioca*. Rio de Janeiro: Fundação Biblioteca Nacional, 2011.

MOREYRA, Sandro. *Histórias de Sandro Moreyra*. Rio de Janeiro: Editora JB, 1985.

MOURA, Gisella. *O Rio corre para o Maracanã*. Rio de Janeiro: FGV, 1998.

MORAES NETO, Geneton. *Dossiê 50: os onze jogadores revelam os segredos da maior tragédia do futebol brasileiro*. Rio de Janeiro: 2000.

MOUTINHO, Marcelo. *Ferrugem*. Rio de Janeiro: Record, 2017.

MURAD, Maurício. *Futebol, 100 anos de paixão brasileira*. Rio de Janeiro: Uerj, 1994.

NASCENTES, Antenor. *Dicionário da língua portuguesa da Academia Brasileira de Letras*. Rio de Janeiro: Bloch, 1988.

PAPADAKI, Stamo. *The work of Oscar Niemeyer*. New York: Reinhold, 1950.

PERDIGÃO, Paulo. *Anatomia de uma derrota*. Porto Alegre: LP e M, 2000.

PEREIRA, Leonardo Affonso de Miranda. *Footballmania*. Rio de Janeiro: Nova Fronteira, 2000.

QUERINO, Manuel. *Costumes africanos no Brasil*. Rio de Janeiro: Funarte, 1988.

RIBEIRO, André. *Diamante eterno*. Rio de Janeiro: Gryphus, 1999.

SANTOS, Joel Rufino dos. *História política do futebol brasileiro*. São Paulo: Brasiliense, 1981.

SANTOS, Ricardo Pinto dos. Tensões na consolidação do futebol nacional. In. MELO, Victor Andrade; DEL PRIORE, Mary. *História do esporte no Brasil*. São Paulo: Editora Unesp, 2009.

SANTOS, Nilton. *Minha bola, minha vida*. Rio de Janeiro: Gryphus, 1999.

SÉRGIO, Renato. *Maracanã, 50 anos de glória*. Rio de Janeiro: Ediouro, 2000.

SIQUEIRA, André Iki. *João Saldanha: uma vida em jogo*. São Paulo: Companhia Editora Nacional, 2007.

SIMAS, Luiz Antonio; RUFINO, Luiz. *Fogo no Mato: a ciência encantada das macumbas*. Rio de Janeiro: Mórula, 2018.

SIMAS, Luiz Antonio. *Pedrinhas miudinhas: ensaios sobre ruas, aldeias e terreiros*. Rio de Janeiro: Mórula, 2013.

SIMAS, Luiz Antonio; FABATO, Fábio. *Pra tudo começar na quinta-feira: o enredo dos enredos*. Rio de Janeiro: Mórula, 2015.

SIMAS, Luiz Antonio. *Ode a Mauro Shampoo e outras histórias da várzea*. Rio de Janeiro: Mórula, 2017.

SCHWARCZ, Lilia; STARLING, Heloisa. *Brasil: uma biografia*. São Paulo: Companhia das Letras, 2015.

SIMÕES, Irlan. *Clientes versus rebeldes: novas culturas torcedoras nas arenas do futebol moderno*. Rio de Janeiro: Multifoco, 2017.

SMITH, Neil, *The New Urban Frontier: gentrification and the revanchist city*. Londres/Nova York: Routledge, 1996.

TAVARES, Ana Beatriz Correia de Oliveira; VOTRE, Sebastião Josué. *Estádio do Maracanã: dos alicerces ao colosso do Derby*. Revista Brasileira de Ciências do Esporte, vol. 37, n. 3, 2015, pp. 258-264.

TOUGINHÓ, Oldemário. *Maracanã, onde todos são iguais*. Rio de Janeiro: Relume-Dumará, 1998.

TRAJANO, José. *Tijucamérica*. São Paulo: Companhia das Letras, 2015.

VIEIRA, Cláudio. *Maracanã, templo dos deuses brasileiros*. Rio de Janeiro: Mauad, 2000.

WISNIK, José Miguel. *Veneno remédio: o futebol e o Brasil*. São Paulo: Companhia das Letras, 2008.

XAVIER, Beto. *Futebol no país da música*. São Paulo: Panda Books, 2009.

ZALUAR, Alba; ALVITO, Marcos. *Um século de favela*. Rio de Janeiro: FGV, 1998.

PERIÓDICOS

Jornal dos Sports

O Dia

O Globo

Extra

O Estado de S. Paulo

Folha de S. Paulo

Revista Ilustrada

Placar

Manchete Esportiva

INTERNET

Agência Sportlight: http://agenciasportlight.com.br

Comitê Popular Rio, Copa e Olimpíadas: https://comitepopulario.wordpress.com

Ludopédico: https://ludopedico.com.br

Museu da Pelada: http://www.museudapelada.com

Portal da Suderj: http://www.suderj.rj.gov.br

Puntero Izquierdo: https://medium.com/puntero-izquierdo

Trivela: https://trivela.com.br

RICARDO BELIEL

AGRADECIMENTOS | Alberto Mussa, Alexandre Simas, Álvaro Costa e Silva, André Diniz, Benjamin Simas, Bruno Ribeiro, Candida Carneiro, Carlos Alves, Cássio Loredano, Daniel Araújo, Diogo Cunha, Domingos Fonseca, Duncan Semple, Écio Sales (*in memoriam*), Eduardo Goldenberg, Evelyn Chaves, Felipe Quintans, Gabriela Moreira, Gisella Moura, Gustavo Mehl, Irlan Simões, Ivan Soter, Janir Jr., José Trajano, Lúcio de Castro, Lúcio Branco, Luiz Orlando Grosso (*in memoriam*), Marcelo Braga Edmundo, Marcelo Moutinho, Marcos Alvito, Marianna Araujo, Marieta de Moraes Ferreira, Nei Lopes, Pedro Asbeg, Renato Martins, Ricardo Beliel, Ricardo Oliveira (*in memoriam*), Rodrigo Ferrari, Salvador Grosso (*in memoriam*), Thales Machado, Vitor Castro, Zair Simas, Zizinho (*in memoriam*). Agradeço a todas as amizades que, talvez até sem saber, contribuíram para este trabalho ao compartilhar — entre botequins, esquinas, escolas e praças — o amor pelo Maracanã. Agradeço, sobretudo, a cada jogador, torcedor, torcedora, que pisou no Maracanã para bordar no terreiro-mundo uma grande história brasileira.

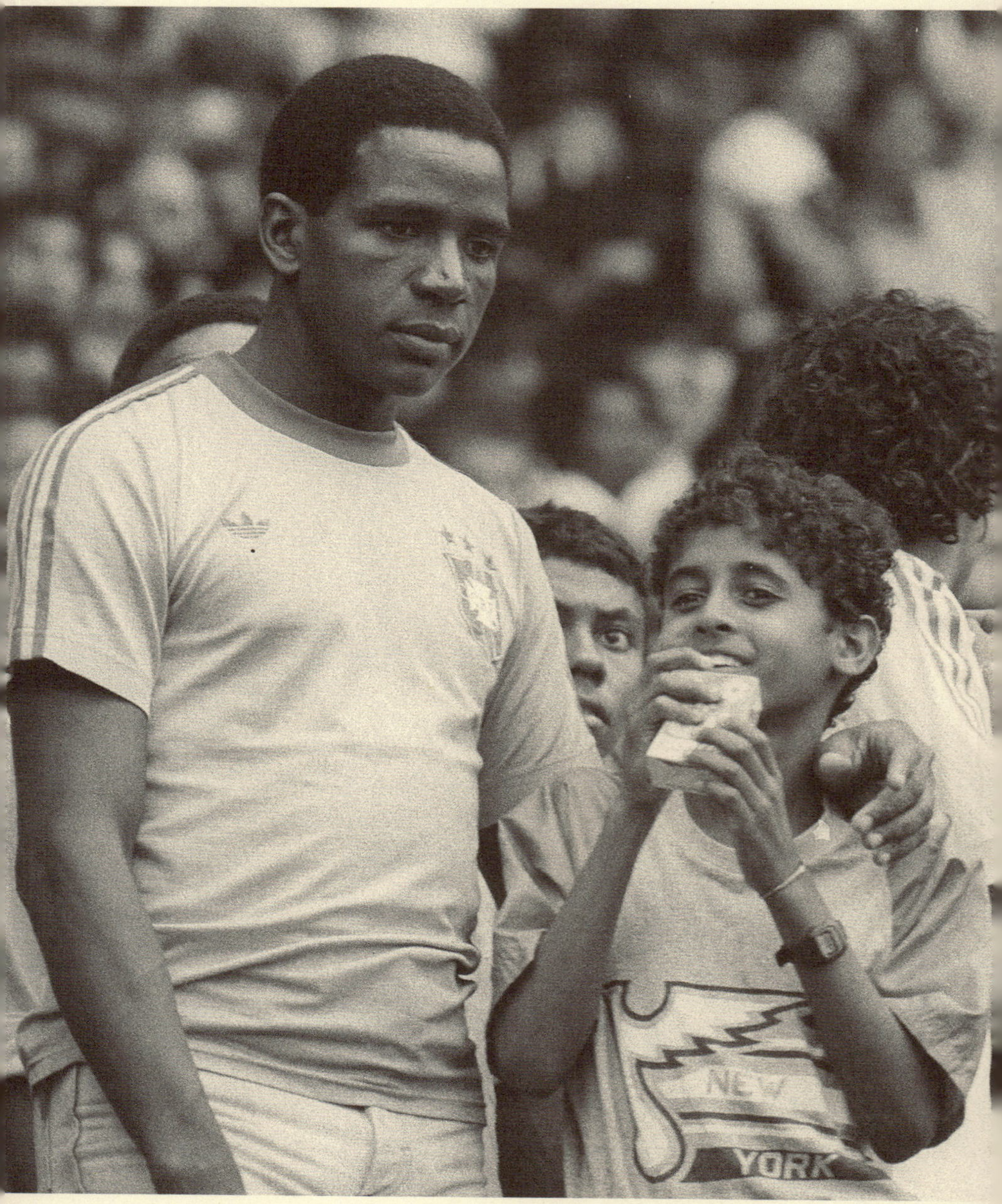
NEW
YORK